U0869656

图解服务的细节

129

ホテルオークラ「橋本流」クレーム対応術

“笨服务员”解决术4

治愈顾客情绪

[日] 桥本保雄 著

孙浩 译

人民东方出版传媒

People's Oriental Publishing & Media

東方出版社

The Oriental Press

图字：01-2021-6201 号

HOTEL OKURA [HASHIMOTORYU] KUREMU TAIOJUTSU
Copyright © 1998 by Yasuo HASHIMOTO
All rights reserved.
First original Japanese edition published by Daiwashuppan, Inc. Japan.
Simplified Chinese translation rights arranged with PHP Institute, Inc.
through Hanhe International (HK) Co., Ltd.

图书在版编目（CIP）数据

“笨服务员”解决术. 4，治愈顾客情绪 /（日）桥本保雄 著；孙浩 译. —北京：东方出版社，2023. 8
(服务的细节；129)
ISBN 978-7-5207-3562-9

Ⅰ. ①笨…　Ⅱ. ①桥… ②孙…　Ⅲ. ①饭店—商业服务　Ⅳ. ①F719. 2

中国国家版本馆 CIP 数据核字（2023）第 125357 号

服务的细节 129：“笨服务员”解决术 4：治愈顾客情绪
(FUWU DE XIJIE 129：“BEN FUWUYUAN” JIEJUESHU 4：ZHIYU GUKE QINGXU)

作　　者：[日] 桥本保雄
译　　者：孙　浩
责任编辑：崔雁行　高琛倩
出　　版：东方出版社
发　　行：人民东方出版传媒有限公司
地　　址：北京市东城区朝阳门内大街 166 号
邮　　编：100010
印　　刷：北京明恒达印务有限公司
版　　次：2023 年 8 月第 1 版
印　　次：2023 年 8 月第 1 次印刷
开　　本：880 毫米×1230 毫米　1/32
印　　张：6. 5
字　　数：118 千字
书　　号：ISBN 978-7-5207-3562-9
定　　价：58. 00 元
发行电话：(010) 85924663　85924644　85924641

版权所有，违者必究
如有印装质量问题，我社负责调换，请拨打电话：(010) 85924602　85924603

“治愈”是处理客户投诉的关键

——谨以此篇作为前言

俗语说“医者仁心”，意思是作为医生需有仁爱之心、悲天悯人之心、为患者解除病痛之心。

举个例子，医生只是敷衍地问患者“难受吗?”“疼吗?”，并不能引起患者的丝毫共鸣。如果医生仔细检查，对患者病情给予高度重视，站在患者的角度问：“这里现在一定很痛”“这里应该很难受吧”，患者就会想：“这位医生能够准确把握我的病痛”，进而马上对医生产生好感和信任，疾病也就逐渐得到治愈。

这个例子，对于从事服务业、每天面对各种各样客户投诉的销售员来说，同样具有参考价值。我认为，处理好客户投诉的关键问题在于“治愈”。

对于前来投诉的客户，想他们之所想，急他们之所急，就能理解客户为什么会希望我们这样做，又为什么会希望我们那样做，若是换位思考，我们也会希望服务员能够这样做。

有了这样的想法，再付诸行动，客户的紧张情绪就会慢慢得到治愈。

汉字是逻辑性很强的文字，每个组成部分都有其各自的意义。将“瘉”字分解开来（译者注：日文中“治愈”的“愈”写成“瘉”），病字旁去掉之后就变成了“愈”。根据《汉语林》的记载，“愈”有治愈的意思，也有愉悦、快乐的意思。

也就是说，客户投诉得到处理后，紧张和不满的心病去掉了，客户心情愉悦了，怨气也会随之烟消云散。

所以我说，处理客户投诉的关键在于治愈。

被客户投诉之后，多数人的反应是如何保护自己，如何保护公司利益，于是拼命说服客户服从公司规定，从而衍生出各种“对付”客户的办法。

有的企业的危机管理系统，把处理客户投诉定义为企业与客户之间的战斗。他们认为作为企业，必须首先向客户展开强大的攻势，最终让客户屈服于企业的规则之下，这就是他们处理客户投诉的金钥匙。

我的想法与这些公司截然不同。我认为万不能将投诉演变成一场企业与客户之间的战争，有这样想法的人，注定处理不好投诉事件。

当然，为了保护自己，保护公司利益，确实需要一些规则。

所以对于客户，销售员完全有理由对他们说：“我们公司必须这样做”，或者“公司的规则就是这样规定的”。这些公司的规定都是公司自行制定的，只有处理客户投诉的员工知道，客户并不知道。

若真为顾客考虑，就应该告诉客户一些变通的方法，或者其他一些处理捷径，这才是治愈客户心病的金钥匙，即所谓“以情待客”。

由于我们的服务不能保证尽善尽美，往往会在很长一段时间里，在客户心中留下阴影。

但从客户的角度出发，并以自己的周到和热情打动客户，也能得到客户的宽容，在客户心中留下“贵店能做到这一点，真是不容易啊”“贵店对于我的要求，理解得十分到位”等印象，投诉的客人日后变成回头客、大客户的情况是很常见的。

善于处理客户投诉的销售员，身边从不缺乏客户，销售额通常居高不下。所谓“祸兮福兮”就是这个意思。

本书结合我40多年在酒店工作的所见所闻，通过实例对客户投诉的基本结构、应对策略，对待客户投诉时应有的礼节和礼貌，把客户投诉应用到改进日常工作中的方法等进行了分析和研究。

希望本书为“总是处理不好客户投诉”、认为“投诉的客人难对付”的销售员，以及那些“总是无法完成销售额”“无法读懂客户内心”“不能确定自己的热情能否被客户认可”的同人，提供一次认真思考的机会，帮助他们在今后的工作中取得更大进步。

桥本保雄

目录

CONTENTS

序 章

投诉里深藏着捕获客人芳心的秘诀

第 1 章

为何收到客户投诉

第 2 章 打动客户的技巧

第 3 章

得到客人认可的投诉解决办法

第 4 章

迅速解决投诉需要体系支持

终 章

我也要投诉

序　章

投诉里深藏着捕获客人芳心的秘诀

1 投诉是上帝帮助我们改进的声音

● 投诉不单单是抱怨

大概没有哪个经营者，会对客户投诉抱有好感。

被客户投诉，意味着“自己的做法引起了客户不满”“将要卷入最棘手的事情”。有的经营者，因为销售员每天收到客户投诉而身心俱疲。有的销售员处理方法不当，激怒客户，为了安抚客户发生了额外费用，汇报到总部之后，被上司训斥。

很多销售员希望能够找到预防投诉发生的有效策略，或者投诉发生之后最聪明的解决方案。

我们这家被社会标榜为服务一流的大仓酒店，也面临同样的问题，员工和客户之间也存在着各种各样的矛盾。

为了避免相同的问题再次发生，大仓酒店将客户投诉记录下来，整理成“客户意见箱”。在这些记录中，既有认为员工的做法有失妥当的抱怨，也有“酒店应该增加这样的服务”的

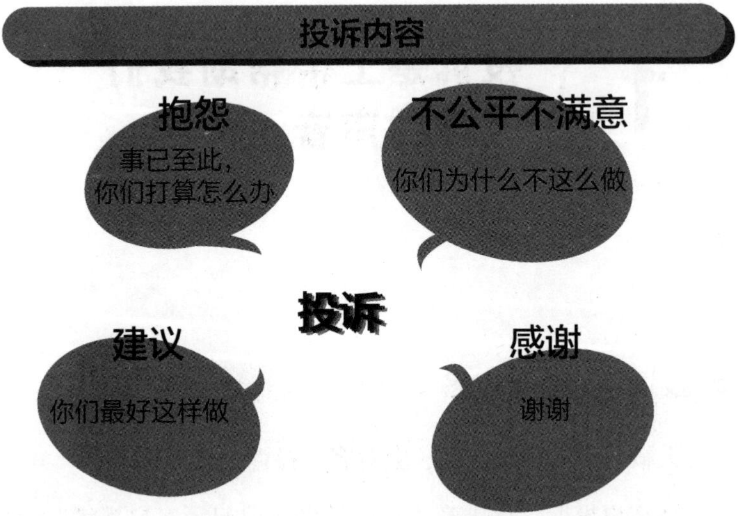

建议，以及认为“这项服务非常好”的赞美。

建立客户意见箱，能否为寻找最聪明的投诉处理方案提供线索呢？

答案是肯定的，它改变了经营者处理客户投诉的思路。

投诉是帮助我们改进的声音，是为客户提供更加满意服务的推动力。

那么，“投诉”的本来词义是什么呢？

英日字典中对于 claim 这个单词，有如下记载：“（对正当权利）提出要求，提出主张。”“对（事实）进行主张，提出要求”等。

看来投诉本身不是抱怨，经营者应敏感地从投诉中领悟客户需求，并向他们提供必要的解决方案。

满足了客户的诉求，提供了高质量的服务之后，客户下一次会毫无疑问再次选择这家酒店。投诉为提供优质服务创造了机会，换言之，投诉带来了新的商机。

● 处理投诉能培养个人能力

处理投诉，需要销售员有针对性地面对每个客人的诉求，这锻炼了销售员应对问题的灵活性，培养了个人能力。

投诉应对能力的作用

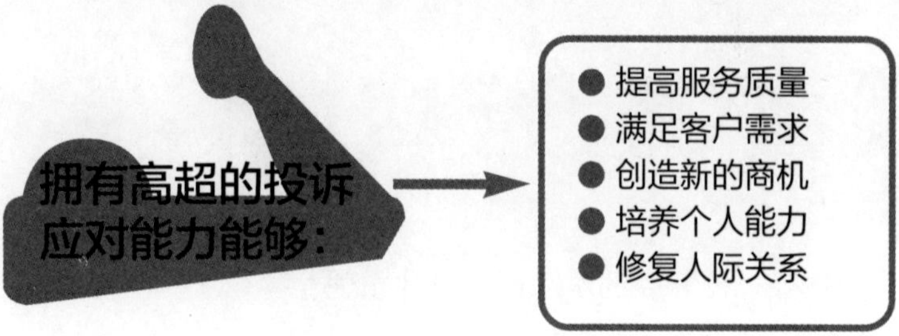

投诉不仅是酒店面临的问题，更是企业、经销商等群体普遍存在的棘手问题，甚至在公司内部，不是也得面对领导的发难吗？

我觉得投诉就像一道“坎儿”，我个人愿意欣然接受。

通常情况下，个人能力强的人，特别是投诉应对能力强的人，在公司、组织、群体乃至整个社会，都扮演着重要的、不可缺少的角色。

2 尽善尽美的服务也无法回避投诉

● 为何无法回避?

酒店里差不多没有一天不发生客户投诉。就算是服务多么尽善尽美，也不能让所有客户都百分之百满意。

这主要是因为酒店里所有的服务，都是由人来完成的。

只要是人就会犯错误，酒店里的服务员也不例外，比如在餐厅或者咖啡厅，服务员稍微不留神，碰倒了桌子上的玻璃杯，把旁边客户的衣服弄脏了。这在业内是最典型的案例。

像这种弄脏客户衣服的案例，显而易见酒店要负全责，面对的可能是被客户怒气冲冲地指责的尴尬局面，大仓酒店有其独特的解决方案。

首先向客户道歉，快速烘干客户的衣服，检查是否留下污渍。如果客户时间宽裕，请客户更衣，将弄脏的衣服送到洗衣房清洗，客户离店时还回一模一样、或者比原来更加整洁干净的衣服，并赠送纪念品。

下面介绍一个实际发生的案例。

案例 1

服务员态度不好

一个在房间里整理公司重要文件的客户，投诉客房送餐服务员的态度冷漠。受理客户投诉的经理助理说："客户投诉服务员在送餐时语言太少，甚至有偷看自己向公司提交的报告文本的嫌疑。"

● 投诉受客户情绪的影响

关于送餐服务的礼仪规范，10 人中有 9 人认为应该"轻手轻脚，语言简练"。偷看文件的事根本是不可以发生的事情。

90%的人认可"轻手轻脚，语言简练"的待客礼仪，10%的人则认为"服务员表面上殷勤，但看起来相当没有礼貌"，这就是令他们不满意的原因。

另外，服务能否令客人满意，与客人当时的情绪和心情有很大关系。由于夫妻吵架、工作压力大、心情烦躁等原因，假如客人接受 10 次相同的服务，可能 9 次都满意，只有 1 次不满意，也会引发投诉。

被服务的对象只要是人，接受服务后的反应就会千差万别，这是情理之中的。

通常公认的无可挑剔的行为、酒店方面认为的优质服务，受客人当时情绪的影响，都有可能被投诉。

所以说就算是尽善尽美的服务，也无法完全回避投诉。在处理投诉前，要认清这一点。

3 投诉内容告诉我们客户的诉求

服务没有固定公式

如前所述，客人的情况各有不同，接受服务后的反应也千差万别，处理投诉时必须把握投诉的这个基本特征。

投诉时时刻刻都在发生。投诉内容因人而异，如果不能有针对性地理解客户诉求，也不可能处理好投诉。

制造业通过提供商品满足社会需求，商品是有具体形态的。

酒店则不同，酒店提供的服务是没有具体形态的，必须根据每位客人的具体情况而定。相同的服务，客人的反应多种多样。只有当服务方与被服务方想法一致的时候，被服务方才能获得愉悦和满足。换句话说，没有具体形态的服务无固定公式可循。

反之，若服务方一味认为自己的服务很周到，而被服务方认为根本是多此一举，这种二者之间认知上的“偏差”，也可能引发投诉。

在酒店，与客人在认知上出现“偏差”有时仅仅因为一个问候语。

比如说，有的客人反映，早晨咖啡厅服务员向客人打招呼时用的问候语“您好”不合适，应该用“早上好”。那么是不是对所有客人一律都用“早上好”呢？也不尽然。有一位客人半开玩笑地投诉过这样一件事情。

案例 2

令作家不悦的问候

投诉人是一位作家，通常在作品截稿之前，会在酒店里连住几天赶稿。这位作家的习惯是夜里通宵工作，早晨到咖啡厅进餐后休息。一次他悄悄对我说：“我这就要回去休息了，可他们却对我说‘早上好’，我觉得怪怪的。我已经多次来贵店了，你们也很熟悉我，不能换一个问候语吗？”

满足客人个性需求（PS）

我连忙向作家道歉说：“您的提议非常正确，可以成为培训员工问候语的教学案例。”作家欣然接受。

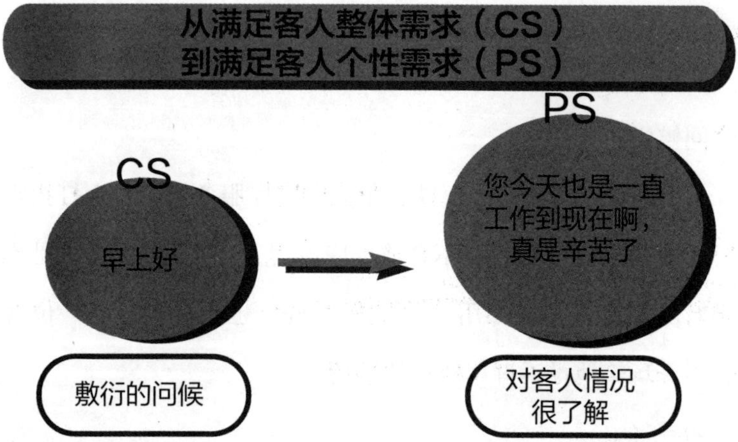

“早上好”本来是一个无可挑剔的问候语，但在特定情况下，都有可能让人不悦。对作家而言，“您今天也是一直工作到现在啊，真是辛苦了”才是最为贴切的问候。

被服务方因地点、时间的改变，产生的反应会与平时不一样。满足每位客人的个性需求（PS，Personal Satisfaction），是今后服务行业应该追求的目标。

4 为何客人来住店

● 字母 H 与酒店的关系

我在前言中提到过 claim 的本来词义。酒店里有时还会收到一种投诉，既不是客人的不满，也不是客人的抱怨。

比如有客人说："我花了钱，希望贵店这样为我服务，我不认为有什么错误。"

对于这样的客人，如果仅理解为太任性，还是不能提高对投诉的认识，更不能提高对投诉的应对能力。

字母 H 与酒店的起源密切相关，甚至还与宗教有千丝万缕的联系。

Hotel 的首字母就是 H。研究 hotel 这个单词的词源发现，它原本是给予人类（Human）宗教形式的款待（Hospitale）的地方。

《圣经》中有一节说的是："用热心款待那些在旅途中的客人。"旅途中的人，离开了家庭，身边没有亲人，孤身一人处于弱势,《圣经》中说对于这样的人，应热心地照顾。提供照顾的地方就是他们住宿的地方，这类地方后来逐渐发展成酒店。

款待（Hospitale）后来发展成待客礼节（Hospitality)。

让客人身心愉悦，是酒店服务的基本理念。所有这些词，都与H这个字母有关。

● 需求因人而异

这个话题稍微偏离了主题。

现代人入住酒店的目的多种多样，有的人就想花钱“享

受平时无法享受的空间，体验平时不能体验的轻松”。

客人在向酒店缴纳足额的费用之后，当然可以“做自己想做的事儿”“享受自己想要的快乐”。

所以，积极应对每位客人提出的要求，提供周到细致的服务，是酒店经营者和员工的责任。

满足每位客人的个性化需求，提供高质量的服务，才能够捕获客人的芳心。

第1章

为何收到客户投诉

5 环境因素有可能成为客户投诉的原因

● 经常发生投诉的餐厅

“贵店服务员在工作中聊天。”这样的投诉经常发生在一些固定的餐厅或者咖啡厅。明明已经强调了工作纪律，为何在这些店面还是经常能够听到客人的抱怨呢？真是不可思议！以下案例集中反映了这种情况。

案例 3

服务员交头接耳

贵店服务员把客人扔在一边，聚集在一起聊天，甚至有时偷笑，客人看在眼里能高兴吗？他们可能会坐立不安，担心自己的服装或者行为举止被服务员嘲笑。

我问过服务员，他们说：“没有在一起聊天，说的都是工作上的事儿。”这个回答和我事先想的一样。

员工认为他们进行工作交流没什么错，但在客人看来为什么像是扎堆聊天，引起他们那么强烈的反感呢？带着这个不可思议的问题，我来到了经常收到类似投诉的餐厅和咖啡厅，通过仔细观察，终于揭开了这个谜团。

店内布局是个问题。有的座位正好背对服务员，客人看不到服务员的表情，而有的座位从客人角度来看，服务员正好面对面。

这个店铺是半年前重新装修的，新装修以后的布局，竟然成为引起客人投诉的原因。

这不是员工的责任，但仍然需要提醒他们注意，工作交流时要考虑到客人的感受，否则还是会引起客人的误解。

● 只需注意几点

有的客人对服务员的待客举止十分敏感。若是让这样的客人抓到把柄，他们的想象力是非常丰富的。

比如说："3 号桌的餐具撤下去了吗？""还没有，马上去撤。"类似这样服务员之间的工作对话，若是遇到了敏感的客人，他们就会猜想成："喂，明天赛马彩票买了吗？""没有，我这次不买了。"诸如此类。

针对上述原因，需要立刻采取措施。

首先“彻底杜绝交头接耳”。有意识观察客户的视线，不要让单纯的工作交流被误认为聊天，具体方法如下：

避免偷笑，使用简练的语言进行工作交流。避免长时间地背对客人。两个服务员进行工作交流时，视线始终朝向客人，避免两个服务员互相注视着交流。

客人听不到服务员的交流内容，即使客人听到了，采取这样的措施后，也不会被认为在聊天。

综上所述，店内布局等环境因素也可能成为客人投诉的原因。此时需要根据店内环境，有针对性地寻找合理的解决办法。

6 对费用的投诉要协商解决

● 业界内激烈的价格竞争

客户对价格的投诉，是商界普遍存在的、不能小视的问题。

这类投诉，与其说是客户的抱怨，不如说是客户的要求。

长期的经济低迷，消费者普遍勤俭度日，很多企业依靠薄利多销提高营业额。

酒店业界也是如此，当日元升值时，很多国外的游客不再选择来日本旅游观光；反之当日元贬值时，国内经济不景气，对酒店营业额贡献大的住宿、大企业的宴会或者餐厅的预约大大减少。

再加上泡沫经济时期，新酒店陆续开业，使得酒店业界的价格战更加激烈。

新开业的酒店推出的特定期限内的住宿费减半活动，吸引了大量客户。

● 设定弹性价格

在这样的价格战中，必须采取措施保护自己，所以大仓酒店采取了弹性价格制。

弹性价格制并非酒店业界的新举措。众所周知，酒店旺季时，由于季节原因或者举办大型活动，客房很快被预订完，而淡季时根本没有订单。

另外根据酒店所在位置，有些酒店周末客人多，这些酒店周末价格通常稍贵。而酒店的价格一成不变，原因多是客房数量少，或者固定客户多。

现在的酒店规模，客房数量通常在 500、800、1000 间左右，很多酒店允许前台视情况对价格进行上下浮动。

另外，酒店对于一些有契约关系的客户，给予了特别的优惠价格，比如信用公司、旅行社或者航空公司等。

酒店销售的是时间和空间，提供的是无具体形态的服务，无法像销售产品的企业那样，把当下的时间和空间储存起来，留待日后销售，所以必须根据具体情况，随机应变地处理问题。

大仓酒店推出的弹性价格制，也无一例外地被客人投诉过。

案例 4

与上次费用不一样

有一位客人投诉了住宿费："我通过旅行社在贵店多次预订，这次最贵。同样的房间，价格和上次一样才对。"

无法打折

酒店方面解释说，这次的情况与上次不一样，客人仍然不满意，但也无法同意客人的打折要求。因为如果同意了，不仅会损害酒店方面的利益，也无法说服其他客人。

这类投诉，一般是由大堂经理助理出面处理的，处理原则是诚意解释，不能打折。在这里我对酒店服务设施的特殊性进行一下说明。

无论住店客人是 10 人还是 500 人，酒店方面必须以同样的状态提供服务。不能说只有 10 位客人入住，酒店就关闭大堂内的空调设备。只要有客人入住，酒店方面就必须做好 24 小时无间断的安全措施。如果通过减少酒店里的设备配置、降低设备的使用频率、裁减员工等措施，把费用降下来，客人仍然不会满意。在经济下滑时，酒店方面更不能通过住宿费减半吸引客户。

原因很简单：酒店提供的服务没有具体形态，设定一个能够让人接受的价格绝非易事。一旦打折，就很难再恢复到原价。航空公司、物流公司的价格也会随季节而变化。酒店行业只有当客人办理入住手续时，才能收取全额费用，这对于酒店来说，处理起来非常麻烦。

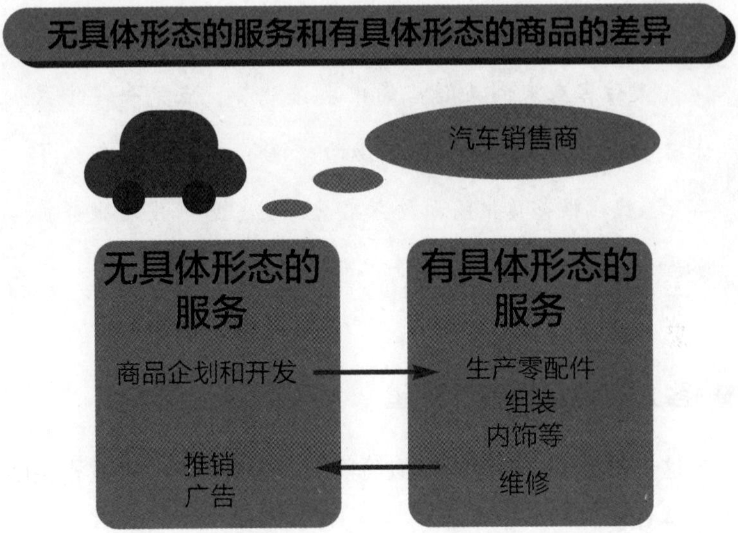

有一些客人，如果他们不满意，就不办理离店手续，这类行为称为“后发制人”。为避免“后发制人”的情况频繁发生，所有员工每时每刻都必须为提供高质量的服务付出努力。

7 服务达不到酒店标准引发投诉

案例 5

客人:“这也是酒店的服务?”

某位客人来到某酒店的中餐馆就餐,点了一碗中式荞麦面。服务员端过来一碗汤面,说了一句:“让您久等了。”就在服务员把汤面放在桌子上时,客人发现服务员的手指尖轻轻浸在面汤里,立刻眉头紧皱。

● 客人对酒店服务的期望

这个投诉发生的原因看似简单,客人投诉的心理过程实际上十分复杂。

想想看,假如同样是这位客户,来到某个大街上的一家规模不大的中餐馆,在柜台前的座位上入座后,点了一份中式荞麦面。

厨师说了一句“让您久等了”,随即隔着柜台递出一碗汤面，手指碰了面汤，这种情况下，客人基本上不会投诉。

可是在酒店，客人的反应会截然不同。

在酒店，服务员端汤面的手只要离汤面近，不管是否碰到汤面，都会马上被投诉。

街上的面馆和酒店里的面馆，从服务业的角度讲，没有本质上的不同。

有读者会说，面的价格不同。实际上现在有很多街上的面馆价格，和酒店里的价格差不多。

我认为，在客人心里，对酒店的服务是有特殊要求的。

按照这个思路，再接着向下展开，客人还会将酒店式服务细分成“大仓酒店式服务”“帝国酒店式服务”等。

客人对酒店的特殊要求可以理解为客人对酒店的期望，他们认为好的酒店就会有自己的独特风格。

只要接受过一次与众不同而又长久难忘的服务，下一次有机会还想再来一次，这种想法谁都会有。

● 客人的满意成就了酒店的风格

上述案例并非限定于酒店服务，也同样适用于企业。某企业的某位销售凭借热情周到的服务打动了客户，有可能因此而形成自己独特的企业风格，客户对这类企业的期待值很高，反之如果企业违背了一贯的风格，投诉会接踵而至。

大仓酒店为中式荞麦面餐具配备了一个专用的托盘，服务员端着托盘，将汤面送至客户面前。客人根本无须担心服务员的手会碰触面汤。

大仓酒店的中餐馆在顶级厨师长的管理之下，采用最精湛的烹饪工艺，为客人准备了美味的中式汤面。为了让客人能够很好地品味中式汤面的美味，还同时配套提供中国茶、湿巾或热毛巾、用餐台布等，对客人的每一个用餐细节，都做了周到而充分的筹划。

然而在提供了最美味的餐食和最周到的服务之后，却被投诉"太贵了"，所有一切都等于零，是否能说客人就是任性？

8 新生事物必然引发投诉

● 日式酒店里的维多利亚宴会厅

我撰写本书的时候，大仓酒店的一个宴会厅正在进行装修。

这个宴会厅名为 Maple Room，是大仓酒店有史以来第一个维多利亚风格的宴会厅。

长期以来，大仓酒店一直以宣扬日本文化著称，酒店的硬件、软件、壁纸、屏风全部是日式风格，有些日本元素在西洋风格酒店中根本看不到，在日式酒店中也很少见，这个宴会厅的装修是大仓酒店的一次大胆创新。

而这个大胆的尝试，往往会成为客人攻击的对象。我曾听到好几位经常来店的客人这样说：“桥本先生，你们在干什么！正是因为贵店充满日本文化的氛围，我才喜欢这里的。”

这样的投诉，不仅来自日本客人，很多外国常客也都这样说。

大仓酒店的粉丝们认为：“大仓酒店应该继承和发扬日本的传统美，保持酒店原有的风格。”

发生这类投诉是我们早就预料到的，甚至连如何回答客人都事先想好了。

在此，非常感谢大仓酒店有这些热爱传统风格的忠实粉丝。

现在日本的大酒店越来越推崇西洋风格，在这样的大环境下，大仓酒店的日式风格在所有日式酒店中完全是灵魂性的存在，这种特殊性一直是我们最值得骄傲的地方。

但是我们必须有能力吸引年轻的客户群体，有实力圈住未来的粉丝。

当然，现在的年轻人中不乏“希望到大仓酒店体验一次日式风格”的客人。

但是也有认为“大仓酒店的屏风挡住了阳光，使得房间阴暗、光线变差”的客人。

● 改革者背负的十字架

酒店是各种秉性爱好的客户群体聚集的地方。

有人偏好西洋风格，他们认为根据宴会的目的，维多利亚风格的宴会厅更加合适。

将大仓酒店的一个宴会厅进行西洋式装修，可以认为是酒店对未来模式进行的一次很有必要的探索。

发生投诉也是事先预料得到的。

在企业里，往往能够看到一些不畏惧已经固定下来的运营模式，为传统业务注入新鲜血液的大胆创新的企业家。

这些企业家身上都背负着“客户投诉”的十字架。

9 “无言的投诉”更可怕

● 带着怨气离开的客人

圆满地处理好投诉，首先要认清投诉的本质。通过前面我列举的几个实例，读者能够感到任何原因都会引发投诉、任何场合都会发生投诉。

用一句话来概括，投诉就像金太郎糖。(译者注：金太郎糖是日本江户时代流行的一种糖果。将各种花色的糖搓成条状，并通过设计组合在一起呈筒状，然后将其拉伸成条，再横向切成粒。无论切哪里，每个横断面都呈现出金太郎的头像。)

无论怎样做都会有人投诉，即使服务没有错误，也会被投诉。

只有认清了这个本质，才能成长为一名心理强大的应对者。

还有客人投诉的形式不同，有一种投诉叫“无言的投诉”，这一点也需多加注意。

客人表面上什么也没说，离店时却十分不悦。

怀揣怨气离开的客户心想：“再也不住在这里了！”这种情况对于酒店来说是最可怕的。

酒店自身的问题必须在内部解决。因为谁也不能保证，带着怨气离开的客人不会在某些场合，与自己的亲朋好友谈及此事，若是在社会上留下负面影响，再去挽回不知要花费多少时间和精力。

对于客人留下的所有无言的投诉，我们都要认真对待，并进行收集整理。

● 引导客人说出自己的不满

所有企业都要争取客户，很多企业为新客户设计了优惠政策。

酒店也是一样，销售部门为了吸引客人，想尽办法推出了五花八门的营销策略。

请看以下实例。

案例 6

新客户与老客户区别对待

营销策略会议上提出了“为了发展固定客户群，向连续住宿 2~3 日的客人赠送饼干和水果”的建议。

能否认为这是发展客户的最好方法呢？我认为酒店方应该再好好考虑考虑。

给老客户提供水果，不能说是一个不好的建议。

老客户获得满足感，会想“这家酒店总是对我特别照顾”。

但是反过来，酒店对新客户的重视程度不够，那又如何扩大固定客户群呢？

新客户离店时愤愤地想：“这家酒店看人下菜碟儿。”

这时候酒店方若主动询问：“您对服务有什么不满和要求吗？”“您有什么意见和建议吗？”是否恰到好处呢？

酒店的营销策略应按照这个思路制订。

为了让客人说出心中的不满，酒店制作了客户意见调查表。客人离店时，前台将事先准备好的调查表交给客户填写。若是客人时间宽裕，也可当面向客人询问。这样客人就不会怀揣着怨气离开了。

客户意见调查表

感谢您选择本酒店，请将您的意见留给我们

■ 待客态度

门口服务员	好	一般	不好
行李生	好	一般	不好
前台	好	一般	不好
电梯	好	一般	不好
行李寄存处	好	一般	不好

■ 餐厅和酒吧服务

客房送餐	好	一般	不好
酒吧	好	一般	不好
餐厅	好	一般	不好

■ 菜肴的味道

■ 若您有其他意见和建议

酒店事件簿①　服装饰物没照清楚

实话实说，我还真受理过几件为索取安抚费的投诉。请看下面这个案例。

某日，大堂经理助理收到了一家人的抗议。这家人在酒店里的拱顶形商店街（译者注：指房顶呈圆弧形的商店街）照相馆里拍摄了一张全家福，并委托加工打印，取回照片一看，照片上妻子穿的服装上的装饰物看不清楚。“你们看看该怎么办吧！”他们这样问大堂经理助理。

从法律上讲，酒店方没有任何责任，照相馆与客人之间协商解决即可。但是投诉的男客人认为酒店有责任，因为“我们是在酒店里面的照相馆照的，而且这是我们一家人难得的聚会”。

酒店里负责照相馆业务的经理建议再打印一张，可是投诉的男士找出各种理由不同意。酒店方经过慎重讨论，认为男士就是想索要安抚费。于是，酒店方面解释了自己没有责任，也不会支付安抚费。客人喧嚷着要求：“把社长叫来。”几轮难缠的交涉之后，客人愤愤离开了。

第 2 章

打动客户的技巧

10 倾听① 对方的话要听全

● 严禁找借口

处理好投诉的基本原则，是培养自己正确理解投诉方的不满和诉求的能力。

大多数人认为“这也太容易了”。

但是现实生活中，能够做到想对方所想的人并不多。

多数人听到投诉后，都会情不自禁地露出一脸难办的表情，然后用“我们酒店的规定就是这样的”“这事儿不归我管”等借口搪塞。

处理投诉时不要找借口。不恰当的借口有如在客人心头点燃了一把无名火，客人的愤怒将一发不可收拾。

投诉一旦升级，有时会发展到酒店必须支付赔偿金。

这绝不是我的危言耸听。这种情况，企业里的销售也会遇到。

我在担任东京 YMCA 国际酒店学校的老师时，经常有学生问关于客户投诉的问题，其中有一个问题是这样的：

案例 7

这事儿不归我负责！

酒店里的一名餐厅服务员在去店里其他部门的路上，被住宿的客人叫住，客人说：“我没注意到窗台上有土，不小心把肘臂处的衬衣弄脏了，怎么办？”服务员感到接下来客人要开始抱怨，又想这事跟自己无关，马上说：“请稍等，我马上与负责人联系一下。”请问这样处理对吗？

我的回答是：这位服务员的行为违反了处理客户投诉的基本原则。

我认为正确的做法是，服务员应该首先道歉，然后陪同客人去找大堂经理助理。

虽然工作分工不同，但是该服务员也是这个酒店里的一员。

不想听客人抱怨，这种心情能理解，但对客人说“这事儿不归我负责”，这种借口往往会激怒客人。

换位想想，如果自己是客人，下次还会选择这家酒店吗？投诉的客人最不愿意听到的就是找借口推脱。

● 把握情况，找到需求

找到正确解决办法的第一步，是考虑客人所处的具体情况，听完整的客人的诉求。

那么刚才的情况，可能是“这位客人马上要开一个重要的会议，正在房间里休息。客人精神高度紧张。由于在会议中担任重要角色，所以对服装非常在意”，这样就能理解客人投诉的原因，发现酒店设施保洁上的服务不周。

像这样正确把握情况之后，自然就有了解决方法。马上与相关部门联系，派人来取衬衣送至洗衣房清洗干净。如果客人时间不宽裕，带客人去酒店的更衣室，准备替换的衬衣。即使工作分工不同，也有许多事情可做。

从投诉中找到客人的需要，然后迅速采取行动，这样客人不仅怨气没有了，反而在心中留下“服务实在太好了”的印象。

服务达到了这样的高度，客人下次住店时，就会产生“我要住那家服务好的酒店”的想法。

处理好投诉，首先要把握住客人当时所处的情况，听取客人的诉求，进而对“这位客人是这样的脾气，受到了这样的服务之后很生气”等有正确的反应。

倾听三原则

①不找借口，不打断客人，对所有的话都洗耳恭听

②根据对方的情况，判断当前的状态

③寻找客户需求（找到处理办法）

再次重复一遍，投诉是帮助我们改进的声音。

有的投诉确实是酒店方面的错误造成的，而有的投诉从常识上来讲，来自客人对酒店的高度期待。

就算不是自己的错误，如果能够提高客人的满意度，能够帮助酒店提高服务质量，也要洗耳恭听，并找到正确的处理方法。

综上所述，找到正确处理投诉方法的第一步，是考虑客人所处的具体情况，听完整客人投诉的内容。

11 倾听② 引导客户吐露心中不快的技巧

● 如何表达你的诚意

听取客人投诉时，首先要诚心诚意地接受，用心去体会。

但是你的诚意具体需要通过什么样的姿态、什么样的语言，才能够让他们感觉到呢？

这里有几个小技巧。

客人陈述他们的不满和想法时，不要打断。

要为他们提供充分表达自己意见的环境。若在环境上丢分，一个小小的投诉，有可能发展成一个大问题。

案例 8

我马上采取了行动，可是客人还是投诉了

某日大堂经理助理收到了一个投诉："我向路过的工作人员汇报了情况，他的态度有问题。"具体情况是这样的：客人发现通道上有掉落下来的垃圾，告诉了旁边路过的服务员，服务员轻声说了一声："噢。"然后转身捡起垃圾就走了。大堂经理找到该服务员询问情况，他说："我认为作为工作人员，酒店脏了很对不起客人，所以马上采取了行动。"

我认为这位服务员的行为作为服务业的从业人员是不合格的。他已经想到了"很对不起客人"，但是没把想法传达给客人，等于什么也没想到。

也有可能是出于保护企业利益和保护自己利益的考虑，这样想的人通常都面带紧张，敏感的客人一眼就能明白。

● 站立的姿势与温和的表情

在处理投诉时，无论客人是站着还是坐着的，被投诉方都必须站着听取，目光始终温和，表情始终平静，不要在客人面前表现出惊慌失措，不要让对方感觉到态度傲慢，始终耐心地倾听，并让对方把话说完。

处理投诉没有固定模式。比如，遇到对自己友好的老客

户，除了态度好之外，活泼的语言略带一点幽默语气，有时也很奏效。

还有一些客人对于店家的好态度根本不买账，反而觉得在“愚弄”他们。

12 倾听③ 不要一人应对投诉的客人

● 与客人划清界限

像我们这样的服务行业，因为经常接待客人，需要与客人建立比较亲密的朋友关系。但是收到投诉以后，如果还想用朋友之间的方式处理是非常危险的。

这种朋友关系有时可能是个“坑”。

正是因为近距离接触客人，所以最好与客人划清界限，不要和客人以私人身份单独去吃饭或者打高尔夫球。

如果与客人的关系超越了界限，有可能为日后埋下麻烦的种子。请看以下案例。

案例 9

我们刚才还一起打了高尔夫

某日，一名酒吧服务员被一位老客户邀请一起打高尔夫。这位服务员觉得老客户十分友好，又是酒店里的常客，心想就当作陪陪老客户吧，估计不会有什么问题。可是以后这位老客户总是提出一些无理的私人要求，如“今天给打个折吧”“给介绍个漂亮女宾客吧”等，这令该服务员很头疼。下次老客户再邀请打高尔夫时，该服务员便推说工作忙不能去了，于是老客户向经理投诉说：“那个家伙的待客态度越来越差了。”

与客人之间的关系若是超越了界限，客人的要求就有可能升级。

若是客人提出的是合理要求还好，但有时常常相当无理。酒店工作人员若是被客人邀请，最好找个没有时间之类的借口拒绝。

但是很多人认为，对于老客户提出的“找个别的地方好好聊聊”的邀请，不好一口回绝。

若是遇到了这种情况，可以和老客户提个条件，允许带一名同事同行。若是被邀请，最好选择自己同事工作的地方，比如在酒店里，最好选择非自己工作区的其他餐厅等地方。费用可以让客人全部负担，这样既与客人保持了一定距离，又与客人有了个人间的交往，周围同事还可以做证，避免了不必要的流言蜚语。

● 让同事当证人

最好不要一个人单独受理客人的要求或者诉求，有至少一名同事在场，可以为你做证，这样能够避免其他不必要的投诉。

比如客人再次来店时，也许会说："上次某某人的态度很差"，或者"上次还给我打折来着呢"，对于这类与事实不符的假投诉，若有证人就会好得多。

酒店事件簿② 如何应对难缠的客人

过去我曾一对一地应对过一位外国男宾客。这位客人是一位在日本常驻的美国人，每天早晨在酒店咖啡厅吃早餐。他每次都吃相同的早餐，却总是要求服务员拿菜单来，然后用小得几乎听不到的声音点餐。

可能服务员根本没听见，就把他每次的早餐送过来，他马上就投诉："我根本没点这个"，这种事情每隔几天就会发生一次。

相同情况发生几次之后，服务员见到他都逃避。一天早晨，我坐在他旁边，把他点的早餐全部确认了一遍，就在他又投诉的时候，严肃地说："服务员根本没有犯错，请你以后不要再开这样的玩笑了。"

客人气愤地说："你太猖狂了！"紧接着满口污言秽语。对于这位客人，咖啡店里的服务员们连日来一直忍耐着，已经到了忍无可忍的程度。于是我正式告诉他，以后不欢迎你再到这里来。后来我将此事向管理层汇报了，得到了管理层的同意。

酒店有一个黑名单，里面记录着不受欢迎的客人。像这位每次来必投诉的客人，就会被登记在黑名单内。黑名单信息会在酒店业界内部公开，其他酒店也有发生类似情况的时候。对于这类客人，几家主要酒店不仅不允许其再次使用店内设施，甚至拒绝其出入。

13 道歉① 一句话可以改变客人的心情

● 选择道歉的语言

在用心倾听完客人的诉求之后，下面该做的事情就是道歉。

我再重复一遍，就算是客人说的不对，也不要上来就跟客人说：“我店对此事没有责任”，或者“我不负责这事儿”，然后找个借口离开现场。

从事服务行业的工作者必须注意，在你开口说第一句话时，必须是道歉的话。

现实生活中，客人从道歉的话中挑出毛病，就能把店家告上法庭。

还有的客人认为店家“道歉的态度毫无诚意”，提交法院请求仲裁。

那么，服务员首先必须说的道歉用语，应该是什么呢？

道歉的语言很多，如“对不起”“不好意思”“请您息怒”

等。擅长处理投诉的人，要先从对话中观察客人的反应，然后根据客人的反应选择最合适的语言，这一点极其重要。

针对上述情况，“给您带来如此不愉快的感受，我深感抱歉”，比单纯的“对不起”“不好意思”更加受用。

请读者自己权衡一下，“对不起”“不好意思”“十分抱歉”等几个道歉用语中，在什么场合下哪个最有分量，哪个最能表达真挚的态度。

正确选择道歉语言，能够把自己真挚的态度传达给对方。读者可以自己体会一下，这样就能理解语言的重要性，锻炼自己的表达能力。

14 道歉② 道歉并非全盘否定

● 光有一句“对不起”是不够的

上一节我谈到了语言的重要性，这节让我们从实践的角度出发，再次对语言的重要性进行探讨。

以通晓社会趋势而闻名的某知名作家，在处理投诉的问题上，直截了当地指出，服务员首先要说：“对不起。”

在这里，我想从听到之后的心理感受的角度，比较一下“对不起”，和我在上一节中提到的“给您带来如此不愉快的感受，我深感抱歉”的区别。

二者之间的区别极其微妙。

“对不起”与“不好意思”都属于同类的道歉用语。

这两个道歉用语的内涵都是对客人的投诉内容全面承认错误，对自己服务的全盘否定。对于酒店服务员来说，“对不起”比“不好意思”更正式。

我认为，服务员只说“对不起”是不够的，还得加上

“给您带来如此不愉快的感受，我深感抱歉”。这就意味着，道歉的重点不是投诉内容，而是对于让客人产生愤怒、不满情绪，以至产生投诉欲望这一点表示道歉。

想想看，客人来店，就是来享受服务、愉悦心情的，现在如此不愉快，难道不应该道歉吗？

换言之，道歉的原因在于客人接受服务后，本应该得到愉快的心情，可是却没有得到，并不在于客人不满的责任是否在被投诉方。

从使用这个语言向客人道歉的效果来看，对客人投诉内容道歉的成分少，没有对自己的工作进行全盘否定。

有读者可能认为：“这也没多大区别呀！”

但是在服务行业，语言上一个轻微的差别，都有可能酿成大问题。

案例 10

既然你们都认为该道歉，那就应该支付补偿金

有位客人投诉说：“你们的服务虽然还可以，但是要价也太贵了。”相关人员随口答复说：“不好意思。”客人马上接着说：“既然你们都觉得不好意思，那就应该支付补偿金。”对于该要求酒店没有同意，客人情绪越发激动，

最后说:“你们态度有问题，我要上法院告你们!”并大声喊着:“找你们经理过来!”

● 视情况做好预防工作

工作人员没有选对道歉语言，所以发生了上述案例中的事情。

处理投诉时，一时没找到合适的语言，随口用“不好意思”“您的意见很正确”等这样的道歉语言替换，导致客人越发不满，最后要求经济补偿，发生这种情况是很危险的。

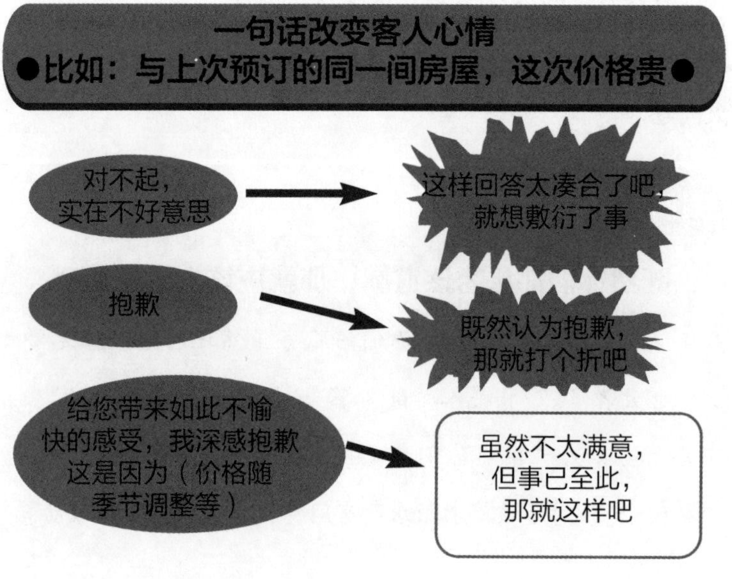

下面看看如果使用“给您带来如此不愉快的感受，我深感抱歉”这句话的效果。

由于这句话道歉的重点在于客人情绪，相当于在不知不觉中做了铺垫。

而且这句话有一定稳定和安抚客人情绪的效果。

投诉内容是各种各样的，“给您带来如此不愉快的感受，我深感抱歉”这句话，也未必适用于所有场合。

但是具备找到在不同场合下，适合当时情况的最贴切的道歉用语的能力是很必要的。

15 把握情况① 判断客人类型

从投诉中搜集信息

用心倾听投诉内容，向客人道歉后，处理投诉基本原则的下一步，是迅速且准确地把握客人情况。对情况把握得是否精准，决定了能否采取正确的行动。

如前所述，客人投诉的原因是多种多样的，内容也是千差万别，处理投诉没有固定模式。

所以，处理投诉时，若是想套用某个固定模式是最愚蠢的想法。就算把以前所有的投诉处理都整理成册来应对，新发生的投诉也和旧的投诉有偏差。

处理好投诉的确是一项难度较高的工作，但还是有规律可循的，那就是精准地把握情况，运用丰富的知识和经验来应对。

聪明的读者可能早已想到，处理投诉的第一步——认真听取投诉内容，就是为了从投诉中收集信息，以便精准地把握

分析客人类型

●卫生间里有掉落在地上的头发●

【客人反应】	【客人类型】
卫生间里的头发没打扫，那也就是说，床也有可能不干净?	推理型
真让人不舒服，喂喂，你们看看怎么办吧!	强加于人型
地上有头发有损贵店形象，我希望这里一直干净整洁。	建议型
不是我挑剔，刚才前台老是盯着我看!	难缠型

情况。

在客人充分表达自己的意见后，该客人的性格特征也就赤裸裸地展现出来。“噢，这位客人是推理型的”“这位客人是把自己的要求强加于人型的”“这位客人投诉前考虑了店方的感受”，先在心里把客人分类。

识别和判断客人的能力，对于把握客人情况至关重要。对人识别能力差的人，处理投诉时往往容易失败。

16 把握情况② 根据 TPO 灵活应对

● 快速处理可以让客人满意

在听完客人投诉之后，处理原则是马上找到解决办法，尽可能快地付诸行动。这样做的理由很简单，因为必须尽可能快地扑灭火种，防止火势蔓延。

快速处理能够给客人带来满足感，认为“我的问题很快得到了解决”，他就很有可能因此成为酒店的忠实粉丝。

为了让客人由衷地发出“这家酒店（公司）太棒了”的赞叹，必须迅速做出判断并果断采取行动。

为了做到迅速且准确，这里推荐使用 TPO 的方法。

投诉处理三要素 TPO 是指投诉发生的时间（Time）、地点（Place）、投诉是如何发生的（Occasion）。

对于同样的投诉，如果发生在客人房间或有公众在场的公共场合，又或者是客人离店后以信件或者电话形式投诉，TPO 是大不相同的。

需要注意的是，在公众场合处理投诉时，必须考虑到投诉客人在公众面前的形象。

案例 11

在公众面前失态的客人

宴会厅里一位客人突然大声喊起来："你们酒店的服务太差了！"宴会厅里的很多员工听到后，马上跑过去准备应对，而客人借着酒劲儿情绪越来越激动，大声宣泄着自己的不满，吸引了同在宴会厅的其他客人的目光。后来投诉客人的情绪渐渐得到稳定，同意了现场工作人员的调解。

● 不影响其他客人，是对投诉客人最大的尊重

上述案例确实很快解决了问题，但很难说是正确理解了 TPO 的做法。

其他客人心中难免因此留下"今天的宴会这么一闹全砸了""好端端一个宴会，这么一闹真没意思"的印象。

酒店方面的目标是通过优质的服务，让所有客人心满意足。

从 TPO 的角度，正确的做法应该是，先将投诉客人请到

一个单独的房间，然后听取客人的投诉，再采取相应措施。

这样就可以不破坏宴会气氛，不在其他客人心中留下负面的印象。

在公众面前，投诉客人情绪更加容易高涨。客人的投诉若责任在酒店，公众可能因此对酒店产生负面印象；若责任不在酒店，让客人在公众面前承认错误，则有损于客人的自尊。

若把客人请到单独的房间，可以不把谁对谁错分得那么清楚，目的是照顾到客人的面子。这样处理后，失态的客人不仅不会憎恨酒店，以后还有可能成为酒店的忠实粉丝。

17 把握情况③ 无法决定

● 自己做决定容易出错

若是在自己的权限内，无法应对或者无法准确判断情况时，应该怎么办呢？

应该马上向领导汇报，得到指示后再采取行动。

跨越权限硬着头皮做事，往往会因为缺乏经验而造成失误。

如果辨别不清情况，信心不足就会反映到行动上，反而会给客人制造困惑或激怒客人。

案例 12

客人说："我没有点这些东西"

该案例发生在 100 多人参加的宴会现场，酒水饮料的预算是每人 3000 日元。酒店里提前准备好的酒水饮料快喝完时，已经有点醉了的客人叫住服务员说："我是这次宴会的干事，再给我们添一些酒水饮料，我们的客户说没有××威士忌不尽兴，再加点××威士忌。"服务员一开始有点迷惑，一想到能够提高酒店营业额，马上就拿来了。过了几天结账时，客人却说："不记得当时点过酒水饮料啊，没必要支付增加的部分。"还投诉说："那天我们招待的客户的酒杯很多次都是空的，贵店应该负什么责任?"

● 让客人签字

当时客人已经醉了，这就增加了投诉的处理难度。上述案例中，客人投诉的原因在于服务员越权自行处理。

发生了这种情况，服务员应向宴会经理汇报，让他来处理。宴会经理应在询问客人情况之后，让自称干事的客人签字。这个看似很简单的处理，实际相当于酒店与客人之间形成了契约关系，日后客人若追究，可以出示凭证，这是酒店的基本应对方法。一名优秀的宴会经理，在客人酒杯里的酒喝光之前，就会与干事协商，不给客人投诉的机会。

● 观察上司的做法

在对情况进行判断并处理投诉时，需根据自己的权限范围做决定。在企业里为所有岗位设置了领导职务，也赋予了相应的投诉处理权限，在这些领导岗位上工作的员工是企业存亡的关键。处理投诉时，员工应根据领导的旨意行动，并观察领导的做法，好为日后做准备。

有的领导将处理客人投诉的工作全权委托给部下，这种做法值得商榷。

倘若领导当时不在怎么办？

员工应根据自己的判断行动。

然后尽可能快向领导汇报。

从这个意义上说，平时的观察十分重要。

酒店事件簿③ 失败的结婚典礼

大仓酒店也曾发生过类似电影《毕业生》里那样的事件，新娘或新郎以前的恋人闯入婚礼现场。酒店如果事前知道，就会在婚礼现场当天采取警备措施。如果当事人提前通知了酒店，酒店就会在入口等地加强管理。

通常结婚典礼的规模是200~300人，过去曾有客人投诉过“服务员撤盘子时故意制造噪声”。

如果提前预想到撤盘子时可能声音大，就应该事先把背景音乐的声音调大。

后来，酒店还为噪声一事同意了客人的打折要求。

第3章

得到客人认可的投诉解决办法

18 对策① 不破坏客人心情

● 由服装引发的投诉

处理投诉时，对客人的诉求是否有必要一股脑儿地全盘接受呢？

有些投诉是客人知识上的欠缺或者认知上的偏差造成的。

有些投诉是客人一味地强调个人主张，与酒店产生摩擦造成的。

酒店里的客人着装问题就属于后一类。

如果处理不好，就会在客人心中留下很糟糕的印象。

从公共场合社会行为礼仪规范来讲，只有温泉旅馆允许客人白天在馆内穿浴衣散步，其他性质的旅馆都不允许。酒店是一个公共场所，一味强调个人的理由是行不通的。

案例 13

如何提醒穿浴衣的客人

服务员看到客人身穿浴衣在馆内散步，于是说："酒店有规定，严禁客人身穿浴衣出现在自己房间以外的任何场合。"客人反驳说："我刚洗完澡，当然得穿浴衣，这样舒服，我在酒店住宿时就愿意这样。"

穿浴衣在馆内散步的客人，对公共场合下的行为规范缺乏最基本的认知，若被提醒之后恼羞成怒，酒店方应以国际标准为准则制止这样的行为。如果不这样做，酒店一贯的店风就会遭到破坏，其他客人也会失望。

英国的康诺特酒店等高级酒店，从早餐开始，就要求客人佩戴领带进入餐厅用餐，即使被投诉也坚持这个原则，他们甚至向投诉客人建议："请选择其他餐厅就餐。"

我在海外或者国内入住酒店时，预约前或者办理入住手续之前，必须先把该酒店的着装问题问清楚。

我认为，必须遵守当地旅店的规定，维护当地的行为规范。如果非要强调个人主张，最好去找能够通融个人主张的旅店。

请客人注意时使用的语言

不好	“这里禁止○○” “这是规定”
好	“请问您是否能够配合○○” “现在这样会给其他客人造成困惑”

但是，作为酒店一方，提醒客人时，也应该注意使用的语言。对于强调自我的人来说，最不愿意听到的就是“这是制度”“这是无法通融的”，若酒店服务员使用这些语言，会给客人留下冷漠的印象。

所以，对于这类问题，酒店方的解决办法不是提醒客人，而是请求客人。比如说“我们酒店有许多外国客人，您这样的装束是不合适的”等，通过选择恰当的语言请求客人接受。

19 对策② 利用其他客人的目光，对待穿着风格迥异服装的客人

● 什么是“利用其他客人的目光，对待穿着风格迥异服装的客人”？

谈到如何提醒客人服装这个问题，我想传授一个方便的解决办法。有时客人的着装并没有违反酒店规定，却与酒店的整体风格格格不入，这种情况通常客人本人没有察觉，但会引起店里其他客人的不满。

案例 14

搞坏了酒吧的气氛

某些酒店酒吧不允许客人穿浴衣拖鞋进入，但是能够接受穿运动鞋的客人，因为他们认为运动鞋属于流行服装服饰。某天晚上，酒吧里来了一位新潮时尚的客人，褶皱的牛仔裤上有好几个破洞，隐约地能看见里面的时髦内裤，旁边的客人投诉说：“快把他赶出去，气氛都被这个人搞坏了。”

酒店里的酒吧是社会上注重体面的人士的社交场所，我们酒店里一些老顾客，经常在这里接待客户。市内酒店酒吧消费群体的调研结果显示，除了住宿客和宴会客喜欢在这里二次消费外，还有一些客人是专门为在酒吧消费才来酒店的。

这类客人通常对酒文化有着很深的造诣。长期以来，酒店为了迎合这些客人的需求，从酒的种类、鸡尾酒的调配，以及待客礼仪、空间格局等方面，都进行了深入细致的研究。酒吧的氛围需要客人与酒店共同努力维护。

当着装与整体氛围不协调的客人光临时，老顾客不免会有怨言，这种心情能够理解。

这种情况下，要会利用这些客人的目光，应对那些穿着风格迥异服装的客人。

首先，将穿旅游鞋牛仔裤的客人请到酒吧里一个不起眼的角落，通常是最靠里的、一眼能看见酒吧里所有位置的座位。

当客人感到“来店里的客人为什么都用这种异样的眼光看我”时，说明他已经察觉到自己与酒店的氛围格格不入，感觉到不好意思，会主动想：“下次再来时换件衣服。”

这就是利用其他客人的目光，启发穿着风格迥异服装客人的办法。

● 酒店的风格靠经营者、服务员和客人来共同维护

若是服务员直接对客人说“您的服装不行”“您的装饰品不行”，客人的心情肯定不会好，甚至有些客人觉得很丢面子。

在处理投诉时，最需要做的是想办法让客人自己察觉，而不是让客人觉得丢面子。

酒店这类服务性行业，其风格是在经营者的理念、充分理解经营者理念的员工和支持酒店经营理念的客人这三方，共同努力下形成的。

酒店的风格一旦形成，当不同风格的人光临时，马上就会觉得自己是多么格格不入。

20 对策③ 与客人协商办法

● 我觉得没有做错，可是客人觉得……

像我们酒店这样的服务行业，每天都必须满足客人提出的各种各样的要求。

然而就像我前面说的那样，尽管提供了尽善尽美的服务，仍然会发生投诉，要想找到一个能让所有客人都满意的办法，几乎是不可能的。

处理投诉时询问客人意见，是一个聪明的解决办法。

酒店认为的正确的解决方案，可能由于客人当时情绪或者时间上的不合适而引发投诉。

案例 15

客人态度突然变了

客人说:“房间里的灯泡坏了，请换一下”，员工马上拿了工具去修理，2 分钟后到达客人房间，并按下门铃，客人生气地说:“我正忙着，请待会儿再来。”

这个案例是服务方与客人在时间上没达成一致造成的，有可能客人临时来了急事儿，也有可能与客人当时的情绪有关。员工只记得迅速处理，而效果并不好。

酒店里类似上述情况经常发生。以前曾发生过这样的事，有客人约了早上 9 点的送餐服务，服务员按时到达之后，客人说晚了 5 分钟，后来其他客人预约时，服务员提前 5 分钟送达，客人又说“早了 5 分钟，影响了我的睡眠”，还引发了投诉。

● 提前确认可以避免纠纷

应对这种情况最聪明的办法，是接受客人预约时，与客人确认时间，比如“2 分钟后送达，可以吗?”或者“早餐是否可以提前一点送达?”，等等。

确认时间以后，就算有时客人心里还是不满意，但至少不会投诉。

然而，如果每件事情都与客人提前确认，也会让客人反感。

综合来说，服务员在与客人交流时，顺便将一些事情确定下来，会给客人好的印象，得到客人的好评。

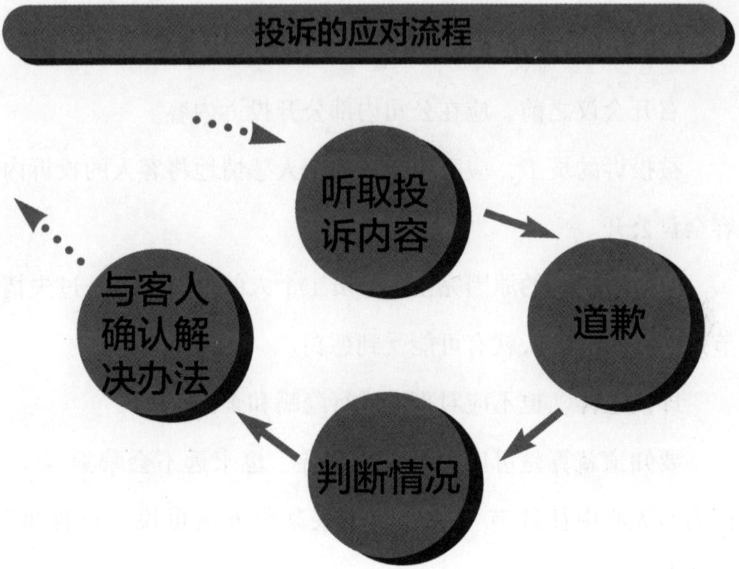

21 信息公开① 公开客人的投诉内容

● 认真对待投诉

若是经常发生投诉，公司必须召开全体会议讨论对策。

召开会议之前，应在公司内部公开投诉内容。

被投诉的员工，应不夹杂任何个人感情地将客人的投诉内容全盘公开。

有时被投诉的原因完全在于员工个人的过失，若是过失情节过于严重，本人就有可能受到惩罚。

即使这样，也不应对事实进行隐瞒和歪曲。

要知道就算是可以一时蒙骗领导，也永远不会蒙骗客人，因为客人心中往往有“我之前跟某某服务员也说过这件事”的印象。

隐瞒和歪曲的事实最终会被揭发出来，这样做的员工等于自掘坟墓，还损害了企业和客人的利益，所以作为员工绝对不要有这种想法。

对企业来说，找到一种批评、教育经常被投诉员工的恰当方法绝非易事，但是不批评、不教育又避免不了投诉。

对于情节过于严重者必须严惩，但是比惩罚员工更加重要的是，必须迅速解决问题，并避免再次发生。

所以向全体员工公开投诉内容，让每位员工都提高认识和觉悟是很有必要的。

● 传阅文件和开会

信息公开的方式可以根据每个企业的规模和规定来进行。

但基本原则是从现场负责人上报到管理层、再向下传达的自上而下的方式。

根据投诉内容，有的投诉在现场就能得到解决，有的投诉需要先采取应急措施，然后再解决。

酒店应将所有现场负责人解决的投诉全部记录下来，上报给管理层传阅。

某个部门公开的信息，可以用内部文件或者工作汇报的形式，向其他部门传阅。

传阅内容除了投诉信息外，还应包括投诉客人姓名、处理方法等诸多详细内容。

信息公开只采用传阅文件这一种形式是不够的。

酒店是 24 小时的 3 班工作制，同一岗位上的员工轮换。

在交接工作时召开会议，也是一种信息公开的方式，如："今天发生了这样一起投诉事件"，向员工传达。

为了贯彻落实到每个员工，有些部门平均每天需召开 5 次会议。

22 信息公开② 充分利用投诉记录

● 积极跟进

正确使用投诉记录，能够避免相同的问题再次发生。

此外，投诉信息还可以作为满足客人个性需求的材料加以使用。

假如某位住店客人曾投诉过某件事情，当时现场解决了。当该客人再次光临时，酒店里的其他员工这样口头跟进："上次发生的事情，实在太抱歉了。"这会在客人心里产生什么样的感受呢？

或许客人此时满意地想："这家酒店的服务真是太周到了！"之前的愤怒化为由衷的感激，这就是信息公开的优点。

但也有客人将先前的不满再次爆发出来，所以跟进时还须十分注意。

我本人也有因为部下的过失，直接向客人道歉的时候。通常我都是在客人投诉当天就了解了情况。

发生投诉之后，若是现场负责人责权范围内的问题，却一开始就由副社长出面，反而会把事情越搞越大，所以我先让部下出面解决。估计客人准备离开时，我站在门口送行，并向客人道歉说："服务不周，请您多多包涵。"

大多数客人根本没有想到他们的投诉会被汇报给副社长。

客人离店时赞叹道："你们的服务真棒!"

这就是一个信息公开以后，获得客人高度评价的成功案例。

公开的投诉信息可以应用在很多服务的现场。

案例 16

关心胃疼的客人

宴会课长检查婚礼出席者人员名单时发现，某著名企业社长将连续 2 天出席婚礼。再次详细调查，发现一周前曾为该社长上过此次婚礼中将要出现的菜肴。宴会课长马上接通了社长秘书的电话，秘书说："最近社长胃口不大好，无法食用太硬的荤菜。"于是，宴会课长建议在这 2 天的婚礼中，专为社长调换一下菜品。在向社长请示时，社长惊讶地问："为什么酒店的人知道我胃痛的事情，还主动要求为我换菜?"婚礼结束后，社长亲自给酒店打来电话说："那两天的菜品安排得太好了。"

这是使用内部公开信息后，为客人提供贴心服务的一个案例。

后来该企业在向酒店道谢时，宴会负责人说："没有什么，因为我们是酒店里的服务人员，这样做是应该的。"

酒店事件簿④ 前台文件丢失事件

住店客人问前台："是否有我的文件寄存在这里?" 前台找了找，没有发现这位客人的文件。

客人说："这不可能，送信人说亲手交给前台了。" 随后寄件人也生气地打来电话："为什么要通过前台，我当时如果亲手直接交付本人不就没事了吗?"

前台感到了问题的严重性，动员全体员工找文件，可是仍然没找到，甚至都没有人记得有人在前台寄存了文件。

后来问题终于得到了解决，原来是刚才说将文件寄存在前台的送信人，当天确实来过酒店，但是忘了寄存文件，直接将文件又带回去了。

●出租车司机态度恶劣

一位资深的酒店员工，接到过这样一个出人意料的投诉。

一位前来住店的客人大声向前台员工投诉道：

“我乘出租车来这里时，出租车司机的态度十分恶劣，你们酒店该负什么责任？”

“我们没有什么责任，这是出租车公司的投诉电话，请与他们联系。”这位员工说完就离开了那里。

23 跟进① 快速跟进效果好

● 通过信件或者电话跟进

很多酒店为了争取客人，在客人离店之后，通过信函或者电话的形式向客人表示感谢，这种营销策略称为跟进。

这种“跟进”的营销策略也可以运用到投诉处理中。

若是员工的失误引发的客人投诉，后续的跟进工作中，除了表示歉意外，还应包含防止再次发生的具体对策。

客人的问题虽然得到了解决，但处理投诉的工作并未结束。投诉发生以后，应尽可能快地进行跟进，这样能够快速消除客人心中的不快。

● 客人再次光临时，员工口头跟进

只是通过信函或者电话的形式跟进是不够的。

当客人再次光临时，员工再次向客人道歉：“上次您光临

以信函的方式跟进

平成XX年XX月XX日

XXX先生/女士

天气日渐寒冷，祝您身体康健。

近日您光临XX店，随后又收到您寄来的服务调查表，在此我店深表谢意。

您在服务调查表中指出的XX事项，希望我店通过XX方法提高服务质量。我店今后一定加倍努力，还请您多多指导。……

本店时，给您带来不便，请多多原谅。”这样就圆满地完成了跟进工作。

企业是一个整体，某一位员工发生了失误，责任大家承担。之前提到过的客人离店时，我亲自站在门口向客人道歉的例子，也说明了这个问题。

在客人的投诉中，还有相当多的内容是希望酒店提高服务水平的建议。

对于这部分建议，我们会通过电话或者信函的形式向客人致谢。

24 跟进② 具体事情具体对待

盲目跟进取得相反效果

经验不足的酒店工作人员，为了表达服务的贴心和周到，向客人发送了跟进信函，结果反而给客人带来麻烦，请看以下案例。

案例 17

酒店发来的服务跟进信函暴露了客人隐私

一位投诉了酒店空调的客人，某日收到了酒店发来的道歉信函。几天后，他气愤地给酒店打电话说："你们别再干这些没用的事儿了！"原来事情经过是这样的，那天该客人与其他女性前来酒店，后来酒店发来的道歉信函被她夫人发现，由此引发了家庭纠纷。

酒店员工在与老顾客交流时，必须做到随机应变，尺寸适度。

酒店是考验一个人能力的地方，因为前来酒店消费的客人，都是抱着不同的目的，若是一律套用“非常感谢您的光临”这句感谢语，不一定都能取得良好效果。

对于曾多次与某位年轻女性前来住店的客人，某日与一位像是该客人的夫人模样的女性在酒店里散步，被服务员遇到，服务员若说“非常感谢您一直光顾我店的客房”就不好了，此时服务员应具备随机应变的能力，与客人打招呼时说：“非常感谢您一直光顾我店的餐厅。”

夫人听到后，看老公时的眼神都带着敬意：“老公，你真了不起，服务员都认识你了。”这种与客人的交流就可谓尺寸适度。

平时在酒店内都用“您好”与老顾客打招呼，某日这位老顾客与一位不明关系的客人来店，要有意识回避，避免让客人产生“真糟糕，又被这位服务员看到了”的想法。

综上所述，酒店人员要时时刻刻照顾到客人的面子。要做到这一点，平时对客人信息的收集和归纳是非常重要的。

● 如何归纳客人信息

有人可能会认为，收集并归纳如此庞大群体的信息，未免过于复杂了。但只要有服务客人的心，这些信息自然就会记在脑子里。至于信息的整理和归纳方法，根本不是问题。

对于我个人来讲，会随时把发现的事情记下来，每天工作结束前再整理一遍。自己觉得已经处理完的事情，就在旁边画个圈，然后从没有画圈的事项中，挑选那些必须处理的事项，尽量在当日处理完毕。

这个方法不一定有太多的可以借鉴之处。我的秘书工作总是很辛苦，往往桌上摊着一堆纸屑，那上边可能有我写的重要信息，一不小心扔到垃圾桶，就会遭到我的一顿训斥。

我用这种方法，在酒店工作了 40 多年，每次想起酒店里的客人，都会自然而然地使用这个方法。经过 40 多年的验证，我自认为这种方法最行之有效。我无法像街头巷尾的书店里售卖的指南书籍那样，自信地介绍自己的方法。但通过这个方法整理归纳的客人资料，对我自己随机应变、尺寸有度地与客人交流，确实有很大帮助。

第4章

迅速解决投诉需要体系支持

25 美国通用电气公司（GE）客服中心的投诉处理系统

● 让对方心情放松的技巧

倾听、道歉、把握情况、采取对策、信息公开、服务跟进等我上述列举的投诉处理技巧，都是处理投诉时需要注意的关键事项，而且没有一项是难以实施的。

只要做好这几点，无论是服务业的员工，还是企业里的营销人员，都称得上是优秀人才。

一个企业里只要有几名这样的优秀员工，该企业的经济效益就绝不会差。

但是作为企业，处理投诉时若只依靠几名优秀的员工，是远远不够的。

还需要迅速应对投诉的体系、先进的硬件设备、周密的人员配置，以及完善的员工培训机构。

在这方面，美国通用电气公司设置的客服中心，就是一个值得借鉴的案例。

该客服中心的工作，除了全天 24 小时受理客户打来的关于该公司所有产品的咨询、意见和投诉电话外，还包括员工和销售网点如何应对投诉的培训和售后服务。

全美的所有消费者，都可以通过该公司的免费电话与客服人员交流。

电话受理人员全部是女性。

这些女员工首先接受了如何让陈述意见的消费者放松心情的培训，她们在回答消费者时，绝对不会找借口，会通过温和的手段和语气，倾听消费者意见，最后以“非常感谢您的来电”结束。据说有不少消费者，打电话时还是暴跳如雷，放下电话时已经心平气和了。

● 计算机管理

该客服中心受理的消费者意见，被全部存储在计算机里，通过公司局域网送达管理层、全美的各营销机构和各营销网点。

管理层可以随意抽取某位消费者意见，企业批准的解决方案会通过邮件通知相关部门。

社长会视情况亲自给消费者发感谢信，进行工作跟进。

有了这套系统，即便是国土辽阔的美国，也可以在最短时间内处理好投诉，它可以称为 21 世纪的新型投诉处理系统。

我在第 2、3 章提到的倾听、道歉、把握情况、采取对策、信息公开、服务跟进等基本点，都被编入系统的整套程序中。

既然已经有了成功的先例，我们就应该借鉴。

大仓酒店不只满足于与客人进行邮件往来，目前正在设置专门受理客人意见的免费电话。

26 认清自己的责任边界

● 权责分明

处理投诉时，员工最好认清自己的工作责任边界。缺乏经验的员工越权处理超出自己责任范围的投诉，很容易让客人更加愤怒。

案例 18

叫你们老板过来

酒吧里的一名调酒员把客人的酒拿错了，客人很生气。该员工是去年入职的，看见客人生气了，立刻慌了神儿，想自己解决问题，结果客人更加生气了，大喊："叫你们老板过来！"

其实类似这样的问题，让老板出面解决本身就是错误的。若是把客人的酒拿错了，由酒吧里的首席调酒师出面解决即可。

所以调酒员不应想着自己解决问题，应先向首席调酒师汇报。因为他少了这一步，所以导致客人吵着叫老板。

这种情况不仅会发生在酒店，企业里面也能见到。

企业里的年轻员工，因为处理投诉方法不当，客人要求“见部长”“见社长”的情况常有发生。

为避免投诉升级，管理层应规定员工的权责标准，并在平时工作中实施。

大仓酒店的酒吧属于餐饮部，餐饮部制定了 4 个工作职责和与之对应的职务，而且建立了以这个标准为基础的工作体系。

下面介绍餐饮部经理助理的工作职责。

现将经理助理处理突发事件（包括因故障、工作失误、事故引发的投诉）的工作职责（第 9 条）与同部门其他员工进行比较。

根据第 97 页的图，酒店对比经理助理低一个档次的高级调酒师、再低一个档次的首席调酒师，在处理突发事件时的要求不同。

酒店对入职 2~3 年的助理调酒师，在处理突发事件时没有任何要求。

所以，这种情况应由首席调酒师出面处理。

餐饮部经理助理的工作职责

餐饮部经理助理须辅佐餐饮部经理的工作，当餐饮部经理不在时，须代替餐饮部经理履行工作职责。餐饮部经理助理应充分意识到自己对部下的指导和监督职能，精心培养部下，提高部下的认识和觉悟，维持并提高大仓酒店的 BEST A.C.S.① 经营目标，运用自己关于 F&B① 领域的丰富知识和技能，与餐饮部经理共同努力，为实现大仓酒店的营业目标做贡献。

1. 餐饮部经理助理应充分理解大仓酒店的经营理念和各部门的营业方针，排除一切困难，努力实现各部门制定的年度“营业数值目标”“服务改进目标”和“能力开发目标”。

2. 餐饮部经理助理应具有酒店内所有业务的知识储备，有与其他部门沟通和协调的能力。

3. 餐饮部经理助理应不仅掌握大仓酒店的商品知识，对其他酒店的 F&B 也要有一定了解，努力开发并改善本部门管理的商品。

4. 餐饮部经理助理应具有良好的清洁卫生习惯和个人嗜好，遵守大仓酒店的劳动规则，以身作则为员工提供示范，创造温馨和谐的工作环境，激发员工的工作热情。

5. 餐饮部经理助理应严格控制包括员工工资等劳动成本在内的全部成本，做好本部门的利润管理和餐饮部的营销成本分析，注意收集信息，随时应对经营环境的变化。

6. 餐饮部经理助理应掌握本部门所有员工的详细情况，构建协调的工作团队，让部门员工理解工作目标，并为实现共同的工作目标给予正确指导。

7. 餐饮部经理助理应具有满足工作交流的外语水平，努力提高个人语言能力，并指导部门员工提高外语水平。

8. 餐饮部经理助理应具有一定的行业知识，把握行业发展动向，灵活应对行业的发展变化，并落实到日常工作中。

9. 餐饮部经理助理应具有应对突发事件的知识储备，能够采取周到而严谨的方法处理突发事件，并能够如实汇报。通过处理突发事件，增进与客人之间的感情，维护客户关系。

注：BEST A.C.S. 是指大仓酒店的经营目标，即提供最高端的设备、最优秀的餐饮和最优质的服务。F&B 是菜品和饮料的简称。

突发事件的应对原则

助理调酒师	首席调酒师	高级调酒师	经理助理
无	能够快速处理工作中的突发事件，平日对突发事件的处理训练有素。	能够对工作中的突发事件给予正确判断，给员工下达正确指示，并采取适当行动处理突发事件。	具有如何应对突发事件的知识储备，能够采取适当的方法处理突发事件，并能够如实汇报。通过处理突发事件，增进与客人之间的感情，维护客户关系。

27 僵化的组织结构延长投诉处理时间

● 加强部门间的联系

无论酒店还是企业，在运营时的组织结构都是金字塔结构，经营者作为处理问题的指挥者，位于结构图的最上端。

处理客人投诉时也是一样。处理投诉时，通常以部门为单位，部门中的每位员工都有自己的工作职责，每个部门都是一个整体，其组织结构是自上而下的金字塔结构。

此处容易忽略的是，部门与部门之间的纵向联系。由于我们无法预测客人来酒店消费的目的，客人可能只是为了消费酒店中的某一项服务，也可能是为了消费多项服务，如果客人对酒店中的某一项服务不满意，有可能对酒店里的其他服务也心生疑惑，所以在处理投诉时，如果不是多个部门共同联动，就很难做到让客人满意。

特别是在发生突发事件时，若只试图在某个部门内部解决，单一的组织结构难免延误时间。以前有客人投诉过大仓酒店销售的年夜饭。

案例 19

年夜饭变质了

某年的 12 月 31 日下午 6 点半，大仓酒店突然收到客人的投诉电话称：“贵店销售的年夜饭是不是变质了？”为了让广大消费者都能品尝到大仓酒店制作的年夜饭，酒店在很多商厦里设置了销售年夜饭的专卖网点。客人投诉的是年夜饭套餐中的一道中餐，称为白切鸡，它是将鸡用蒸和煮两种方法制作的。

新年将至，酒店里的所有员工都在忙着招待在酒店里举办新年晚宴的客人。

当时我出门在外，突然接到电话，马上询问购买该菜品的厂家和数量，被告知被青山的某知名食材店一共买了 178 套。

我马上接着问：“现在谁在现场？”然后任命其中的一人担任现场负责人。若是按照突发事件的正常处理程序，销售年夜饭属于餐饮部门（FB）的工作，应任命餐饮部门当时在现场的员工担任处理该事件的总指挥。

而我任命的总指挥是其他部门的员工，因为当时正值除夕，餐饮部门都在忙着除夕的准备工作，此时任命其他部门员工处理该事件，更有利于解决问题。

金字塔形组织结构图

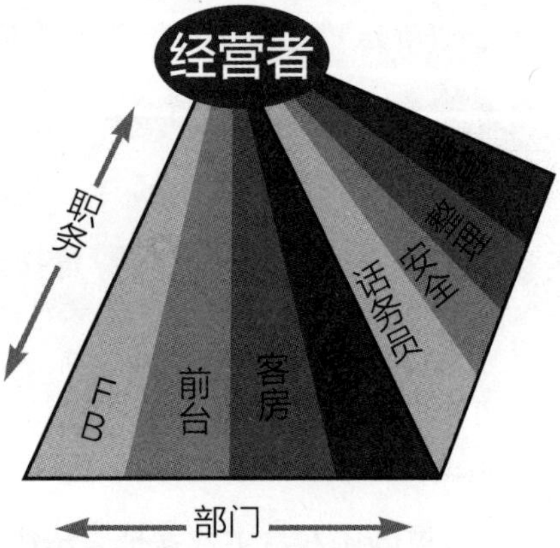

28 领导的投诉应对术

● 年夜饭的处理经过

我要求现场负责人马上回收食材店的年夜饭，通知销售网点停止销售，并回收已经卖出的年夜饭，要求烹饪部重新调整菜品味道，尽快制作完毕，并重新配送。我远程监控着事态发展，并打电话给现场负责人说："现场的工作就全权委托你了，请你务必负责到底，出了问题全部责任由我承担。"

他马上展开了工作，从各部门抽调员工组成了 60 人的紧急工作组，布置了回收、再次配送的任务。办公桌上摆满了一排排电话，每个地区都设专人向销售网点解释，并向客户所在的不同地区派遣员工。

所有工作都布置、安排妥当时，已经是新年第一天的凌晨 1 点了。除了那些携带着年夜饭出席新年晚宴的客人、除夕晚上不在家的客人和去向不明的客人以外，大约 80%的客人都收到了重新配送的年夜饭。

重新配送的年夜饭还赠送了一个哈密瓜，当我听说有变质问题的只有一家网点，其他大多数客人都说“我们家买的没有问题，贵店本来是不用再次配送的”时，一直悬着的心才终于落了地，那种如释重负的感觉，至今还记忆犹新。当时有问题的那家销售网点售出的商品全部被替换了。

此次事件之后，客人并没有指责大仓酒店，反而对大仓酒店给予了很高的评价，他们认为：“幸亏是大仓酒店，才能做得这么迅速。”从结果上说，这次事件大大提高了大仓酒店在人们心目中的形象。

现在回想起来，当时之所以能够取得成功，除了强大的责任心、现场负责人超强的应对能力外，还有一条就是没有局限在某个组织结构内解决问题。

● 当机立断是决定成败的关键

紧急情况发生时，若非要按照固定的组织结构安排人员处理，往往会耽误时间，那可不是纠结谁是哪个部门的时候。

上文所述的突发事件，没有必要过分追究为什么非要这么做。像我们这样的服务行业，处理问题时不能套用高深的书本理论，而要抓紧时间解决当下的问题，让结果去回答一切。

只要方法得当，下一步就应考虑节约时间的问题。像除夕晚上这么忙碌的时候，任命人选时需要经营者拿出足够的勇气大胆决断。事实证明，这个当机立断的决策不仅拯救了眼前的危机，还为未来带来了新的商机。

关于这段小插曲，后来也遭到其他部门批评，他们认为："这不是让其他部门的人插手这个部门的事儿吗？"

但是，绝大多数人认为，本次突发事件圆满地得到解决，现场负责人应该受到表扬。

这就是不受组织结构的束缚，全心全意为客人服务的最好例证。

29 统一受理投诉的路径

应对媒体

很多人认为："酒店是一个不寻常的舞台。"酒店里发生的事情，有时真像一部电视剧。如果是喜剧，大家皆大欢喜，但是如果是悲剧，那就需要酒店各部门积极应对。

案例 20

酒店里发生了暴力事件！

前来住店的一对情侣闹分手，在酒店发生了暴力事件，出现了人员伤害，就像电视里上演的爱情剧一样。媒体立刻赶到了现场，向现场的服务员逐一打听情况，酒店里一时十分喧嚣，有的住店客人投诉说："能不能想点办法制止媒体？"

这个案例中，客人和媒体在酒店提供的狭小空间中形成了对立。

这种情况下，为防止错误的猜测和不必要的信息扩散，酒店方应尽快任命负责人，将处理投诉的路径统一起来。

记者不仅采访了酒店服务人员，还采访了住店客人。酒店方虽然颁布了员工禁止随意发表言论的通知，但仍然会有部分信息外流，客人隐私难以得到保证。但若是要求员工一律“不回答记者”、被采访时说“无可奉告”，冷面对待媒体，酒店的态度若是被报道出去，不仅影响酒店的社会形象，还可能给酒店带来一定程度的经济损失。

有张有弛地对待媒体的最好方法，就是酒店方设立一个对外发言人，向媒体公布信息前，内容需先征求警方的同意。为保护住店客人的隐私，要求媒体不要随意进行采访、不要公布发生刑事案件的房间号码，最大限度地减少酒店的损失。

● 多人应对不可取

我们要求员工受到采访后，统一向媒体回答：“关于这件事，请向××负责人咨询。”采取了这个措施以后，这场无法事先预见的刑事案件，就被完全控制在了最小范围内。

由一位员工统一受理投诉的方法，同样也适用于接待外国的 VIP 客人。

日常工作中，根据客人的投诉内容，对情况做一个正确的判断是很重要的一个环节，但是几个人一起去判断并不可取，因为每个人的理解能力不同，采取的方法也会不同。

为了避免客人产生类似“贵店是如何处理我的投诉的?”这种疑惑，应提前告知客人受理投诉的负责人和解决对策。

30 构建内部员工联络网

● 大仓酒店神户分店的措施

酒店是客人享受舒适服务的地方，为此客人支付了高昂的费用。酒店方提供的高品质舒适服务，当然包括保证客人在店期间的人身安全。酒店在保证客人 24 小时人身安全方面，花费了大量的人力和财力。

比如酒店为应对突然发生的自然灾害，建立了周密的危机管理机制。

酒店的经营者，必须做到在每位员工离开酒店以后，还可以随时与他们取得联系。

现在每个人都使用手机，联络起来方便多了。但是以前为了构建一张在紧急情况下召集员工的联系网，必须收集员工家属的信息，还得做多次演习。

平时对紧急情况下如何行动有所准备，才能在阪神大地震等严重的自然灾害面前临危不乱，如将员工的住所按区域分类，非常情况发生时，安排好几个人同乘一辆车前往酒店待命等。

阪神大地震时，大仓酒店神户分店接受了考验。当时酒店的大楼并没有倒塌，但当我得知酒店的大铁门都歪斜了时，完全能够想象当时晃动的程度是多么剧烈。

首要工作是确认客人是否安全，当晚共有 200 多名客人，所幸的是没有出现一例伤亡事件。灾难发生 10 分钟后，最近的员工最先赶到了酒店。25 分钟后，全体员工全部集中在酒店大堂，配合当晚值班员工进行客人的救援和引导工作。

当我听说员工们都有这么高的危机管理意识时，不禁由衷地为神户分店感到骄傲。

31 不能轻视客人的留言

● 加强语言表达能力

酒店里的工作的确非常烦琐，连如何应对客人电话留言这样的事请，也得召开全体员工大会研究解决对策。

大型规模的酒店通常配备 20 多名女性接线员，每个班有 5~6 名员工同时在岗。电话受理通常是全天候的，很难要求所有接线员把当天住店的每位客人的情况都记得清清楚楚。

能否处理好客人的电话留言的根本，在于酒店的信息公开和部门的横向沟通等工作是否实施到位。

以下案例，可能对其他行业的销售人员也有参考价值。

案例 21

只因为一句话，就得赔偿损失吗？

一位客人在办理住店手续时，对前台工作人员说："如果 A 先生打电话找我，请不要接入我房间。"当晚 A 先生打来很多次电话，接线员没有接入客人房间，客人离店时表示了感谢。可是没过几日，A 先生愤怒地打来电话，说："我知道那位客人那天住在这里，因为一位接线员说有留言的话愿意帮我转告。你们酒店不给我转接电话，我一笔几亿日元的大生意全告吹了，你们得赔！"

老实说，这位客人有点故意找碴儿，酒店只是按照住店客人的要求做了，与 A 先生无任何关系，当然不用赔偿。

如果说酒店的工作有不足之处的话，是接线员说的"有留言的话愿意帮助转告"这句话。但从这个案例中，还不能看出是接线员的语言表达能力不够，还是前台与接线员的沟通不到位。

假如接线员的语言表达能力不够。接线员在得知客人不希望接听电话的信息后，还告诉 A 先生留言可以帮助转告，似乎在为客人当前就是住在酒店里提供证据。此时接线员正确的回答应该是："好的，今天还没有见到这位客人，您可以留言，如果客人光临本店，我们将负责转告他。"如果接线员只说"好的"，明显语言表达不够充分，还得加上一个假设："如果客人光临本店。"

● 工作沟通

在酒店的工作中，为了尽快满足每位客人提出的各种各样的要求，加强各部门之间的联系是非常重要的。因为只有这样，客人的要求才能以最快的速度向各方面传达。上述转告留言的事件就是一个典型案例，"某房间的客人不愿接入外边打来的电话"的消息，应从客人预约日开始，一直到客人离店日为止，在所有部门得到传达和落实。

若是认为"这种传达的工作太简单了，用不着动员全体员工"的话，管理层可就太疏忽大意了。所有接线员都应知道客人的要求，而让所有接线员都知道这项工作，可不是那么容易做到的。

客人提要求时，有可能在前台（如前例），也有可能在店内餐厅用餐，或是在酒吧饮酒，还有可能是在健身俱乐部里。

作为酒店，客人这样的要求在正常情况下都需满足，所以建立一个工作联络沟通网是很重要的。如果不这样做，就很有可能犯下上述案例中的错误。

32 把握客人心理

● 酒店工作者是心理学家

如果客人要求不接入外部电话，外部打来电话时，酒店就不应该向客人房间转接，但是外部打过来电话的事实，应该转告给客人。

现在酒店引进了先进的硬件设备，外部打来的电话可以录音，直接接入客人的房间。当客人看见电话机上的留言按键闪烁时，按下按键就可以听到留言了。

而过去完全依靠人工，服务员要各个房间走一圈，在门上插上“××点××分，某位先生来过电话”的字条，记录客人的留言也是出于相同的目的。

那么上述关于电话的应对方法，是否应该编入员工工作准则中，作为一项制度执行下去呢？我的回答是：如果有全心全意为客人服务的心，只做这些工作还是远远不够的。

客人出于什么原因“不希望接入电话”？有很多可能，比如客人当天非常疲劳，想好好睡一觉，也有可能是不想长时间打电话。

而员工工作准则中没有记入这些考虑。

假如客人的孩子遭遇交通事故，家属着急与客人取得联系，这样的电话是否也按照工作准则执行？假如客人仅仅是因为想好好休息一下，就跟前台说“无论谁的电话都不要接过来”，后来来了一个异常紧急的电话，没有接入客人房间，第二天客人是否会抱怨，并因此对酒店的服务产生不满呢？

客房里既然安装了电话，那么把握打电话人和接电话人的心理，随机应变地应对，才能称得上全心全意地提供优质服务。

酒店工作者应像心理学家那样，具有出色的观察能力，这需要在平时工作中不断地锻炼培养才能形成。那些擅长观察的人，满足了客人的个性需求（PS），会受到客人的高度赞扬。

33 防止客人突然取消

● 酒店是为当下提供服务的地方

酒店这类服务性行业，是通过提供当下的时间和空间来维持经营的，而让所有客人都认同这一点并不容易。因为时间和空间没有具体的形态，没有办法保留下来，直到现在，仍然有很多人在享受了服务后，不愿为此买单。

所谓“当下的时间和空间”，过去以后不仅无法再回来，甚至什么都没留下来，很多人事后都觉得“过去就过去吧，就当什么都没发生过”。

然而酒店方面为了向客人提供一个舒适的“时间和空间”，从收到客人的住宿预订或者宴会预订的那一时刻起，就已经克服各种困难开始了准备工作。如果客人临时取消了，酒店方面承担的损失很大。

这种情况，不仅要从客人的角度分析，还要从酒店的角度分析，对于那些预约之后不来的客人，还有那些取消了宴会预约的客人，酒店方是有理由征收取消服务费的。

然而，客人对酒店征收取消费的投诉实在是太多了。

案例 22

请酒店免掉取消费吧

酒店给一位预约之后没来的客人打电话，请他支付取消费。可对方认为“自己并没有住店，为何要买单”，而且还说：“上月××日，我也预约了某家酒店，后来又取消了，那家酒店就没有收取消费，贵店也别收了。”

这时酒店方说“我们酒店的服务是收费的”，对方肯定不接受。这就是典型的不想为服务买单的案例。

这种情况下，酒店方必须坚持自己的观点：“我们酒店跟那家酒店不一样。”

而且必须向客人解释：“我们酒店有规定，客人需缴纳服务取消费用。”即使这样，客人也根本不会接受。

甚至有的客人还会反驳说：“这是贵店的霸王条款。”

● 请客人支付取消费的方法

遇到了这种情况，正确做法是拿出酒店业内的有关规定，告诉客人酒店收取消费的合理性。

过去，当天取消一个 20 人左右的宴会预约都是平常事，根本没有人缴纳取消费。后来为了避免这种情况，几家大酒店共同成立了日本酒店协会，制定了单方义务契约条款。

双方义务契约条款是指双方在协议书上签字。

单方义务条款是指单方面签署的协议，当协议未实施时，另一方可以申请赔偿。

酒店方为加强自己的说服力，可以这样告诉客人："日本酒店协会制定了相关规定，我店是根据该规定向客人征收取消费的。"

除酒店以外的其他服务性行业，可能也会征收取消费。

此时说服客人的最好方法是遵照合同条款。如果法律尚未健全，业界内应制定保护企业利益的有关规定。

上述案例中的客人若是由我接待，我会问客人："哦，您说的是这家酒店啊，请问受理人是谁？"然后当着客人的面给受理人打电话，确认是否真的没有征收取消费。

客人有可能没说真话，若真是这样，后面就很好交涉了。如果确实没有征收取消费，这是酒店之间的恶性竞争，还是要向客人强调征收取消费的合理性。

34 客人自带品的应对方法

● 难办的各种客人自带品

酒店是举办结婚典礼和宴会等的场所。

参加宴会的客人，带着各式各样的礼品或者土特产品来到会场。有的企业会提前让酒店帮忙准备，有的企业是请其主办方将礼品带到酒店里来，酒店觉得比较难办的是后一种情况。

案例 23

收到的礼品是碎的

大仓酒店某日收到某企业召开新社长上任宴会的预约，宴会上赠送的礼品是该企业自己生产的一款玻璃制品。宴会召开得非常成功，但是当天就收到了几位客人打来的电话，称打开礼品包装以后，发现里面的东西都是碎的。

这种情况很难判断出是酒店方的管理不善，还是客人送来时，里面的产品就已经碎了。

但是酒店方收到了管理不善的投诉。即便酒店方已经声明客人自带品与酒店无关，或者明明主办方购买的是残次品，也仍然会有人将责任推卸到酒店身上。

酒店最重视的就是信誉问题，一旦礼品出现损坏，应对方法就只有按照配送名单一家一家地确认。

若发生这种情况，酒店只能自己承担损失，因为人工费和各种费用上升，而宴会的利润是固定的。

所以，宴会负责人通常不会轻易同意为客人保管物品。

现在，对于携自带品的客人，酒店方可以征收保管费，但是客人一旦要求："我们都租用你们的会场了，这点保管费就免了吧"，还是难免做出让步。这也是享受服务却不愿买单的例证。

从酒店经营者的角度来讲，真是不愿意客人携自带品来店。

但遇到这种情况，酒店无法拒绝客人时，就只能靠提高管理者成本意识的方法来解决。

● 提高节约成本的意识

上述案例中，客人需为自带品支付保管费。

受理预约的负责人应问清客人准备在酒店保管几天，告诉客人需要支付仓库场地费和保管费等。如果客人自带品是极易损坏的玻璃制品，最好向客人建议宴会开始前 1 小时送达。

如果需要酒店帮忙将礼品装入袋子，还应提前告知客人需要支付人工费。所有这些事项都应提前确认下来。

客人一旦提出有自带品，意味着接下来客人还会提出很多要求。

比如，拆开原有包装重新包装、装袋、派发、加装礼签纸等，都要由酒店帮忙做。

有的客人还要求酒店免费提供装礼品的袋子。酒店的袋子上印着酒店名称，从材料、印刷到制作，酒店都花费了成本。

而且，使用酒店袋子包装的产品如果发现了残次品，就算是酒店只是帮助做了一些辅助工作，名誉上也会遭受损失。

客人的自带品，如果是打包前送到酒店的，酒店可以检查里面产品的质量，如果打包后再送来，酒店就无从检查。

处理客人的自带品，是一项非常麻烦的工作，酒店方面会产生成本。

这些成本不应完全由酒店一方承担。

企业在向自己的合作方销售产品时，还要收取一定的手续费，若是产品出现了问题，两家有合作关系的企业就会坐下来，谈谈如何承担费用，如果两家企业没有合作关系，一旦产品发现问题，就会互相推卸责任。

酒店这类服务性行业，提供服务所花费的时间成本、空间成本和管理成本，客人是看不到的，所以管理者必须有成本意识。

35 酒店可能成为被告

● 我诚心诚意地为客人服务，可是却……

像我们这类酒店业界的工作，客人若是对服务表露出不满，马上就会想到通过赔偿或者赠送礼品的方法解决问题。但正如我在文中已经提到的那样，处理好投诉的关键，在于正确的方法和快速的行动。

如果一开始就想通过赔偿或者赠送礼品来解决客人投诉，根本不想通过行动采取补救措施，直截了当地与客人商量："您觉得应该赔付您多少钱呢？"而双方在金额上又谈不拢，酒店就有可能成为被告。

酒店方若是已经提供了最优质的服务，而且也无任何过失，即使成为被告，也不会有太多担心。往往客人也有一定过失，但是却投诉酒店。酒店全心全意服务了之后，客人仍然不满意，酒店方只好说："请您接受这个条件，不满意的话可以申请仲裁。"

此时，酒店经营者必须做好充分的防御工作。万一真的成为被告，法院判决之后出现了最不利的情况，酒店经营将面临重大打击。

现在法院在仲裁企业与消费者之间的赔偿案件时，总是倾向于优先保护消费者利益。1995 年法院在判决酒店与住店客人之间的仲裁案件时，第一次明确指出，客人在住店过程中若发生事故或者罹患疾病，酒店方需承担责任，因为酒店方有义务保护客人的人身安全。

案例 24

酒店败诉

“我老公（57 岁）在贵店住宿时摔倒了，头部受了伤，贵店员工没有及时送往医院，直接导致了我老公死亡。”一位夫人将某酒店告上了法庭，法院判决该夫人胜诉，家属获得了赔偿。该案件的经过是这样的：某日，酒店里的客人发现一位男性客人摔倒在公共卫生间里，男性客人请求酒店服务员将其抬到自己的房间，服务员想请医生过来查看，该客人说没有必要，于是服务员将该客人放在床上就离开了。第二天早上，客人感觉难受，在房间里呕吐，酒店决定马上叫救护车将客人送往医院。

最后客人因脑部受伤，很快被确认死亡。法院认为："酒店作为经营机构，只要与客人签署了住宿协议，就有义务保护客人的安全。"

服务员与男性客人之间的对话内容不明，该服务员的行为无法称为迅速而准确。

通过以上案例，我们必须认识到，即使是客人自己摔伤了，酒店方也需承认自己在保护客人安全上有过失。

比如说，酒店拥有相当完善的配套设施，客人喝醉以后，摔倒受了伤，此时若是酒店的处理方法不当，法院有可能判酒店败诉。

酒店事件簿⑤

更衣室是危险的地方

对更衣室投诉的人有很多。

比如，客人在绅士更衣室穿错了鞋，后来投诉酒店管理太差。

客人在绅士更衣室换了衣服之后，出席宴会，将装有几十万日元的钱包落在更衣室。一个小时后，客人察觉了，便返回更衣室，但是钱包已经不见了，于是客人投诉了。

这些投诉，不属于酒店方面的过失，通常酒店都会这样安抚客人：“我们会全力检查，您应该报案。”

发生了这样的案件，警察应该前来了解情况。

36 应为处理投诉购买保险

● 国家出台了 PL 法（生产产品责任法）

法院在判决企业与消费者之间发生的赔偿案件时，往往侧重于保护消费者利益。酒店与消费者之间发生赔偿案件时，比如餐厅里饮料酒水弄脏客人衣服的案例，大多是酒店方主动满足客人的要求。正因为如此，一大批以保护消费者利益为主导的法律陆陆续续出台了，其中最具有代表性的是 PL 法。

PL 法的特点是消费者无须举证企业的过失，只须举证企业生产产品的缺陷，这是该法律与现行民法的最大区别。也就是说，消费者无须证明生产企业在生产过程中，在安全方面或者管理方面有无过失，只要提交该企业生产的不良产品，该企业就负有赔偿责任。

PL 法不仅适用于生产有形产品的制造业，酒店餐厅里制作的食品也同样适用。请看以下案例。

案例25

食物中毒

某公司在酒店的寿司料理店里举办了宴会。很多客人因为食用了寿司里面的赤贝，出现了食物中毒的症状。客人愤怒地说："把酒店告到法院去，查个究竟！"

该案件因为是发生在酒店里，所以全体员工都有责任。酒店方面即使已经严格实施了安全管理，而且引起食物中毒的原因完全是赤贝本身的问题，但因为发生在酒店里，法院判决酒店赔偿的可能性很高；如果发生在街上的普通寿司店里，法院判决赔偿的可能性就不那么高了。

新民事诉讼法实施以后，更加简化了消费者的诉讼程序。

下面我总结了企业在这种情况下应该注意的几个问题。

首先，对于消费者通过证据举证的产品缺陷，企业可以拒绝的范围变窄，换句话说，消费者更容易收集到证据，以争取在法庭上胜诉。

其次，政府最新推出的小额赔偿制度，支持30万日元以下的赔偿。该制度下的赔偿诉讼案件判决时间很短，一日即可审理完毕，一旦被法院判为败诉，被告方不得上诉，这意味着将来客人对酒店或者酒吧的服务稍有不满，就有可能将其诉诸法庭。

还有，对于同一赔偿案件，该法律还支持所有受害者都可以作为原告把企业告上法庭，一旦企业败诉，针对每一起诉讼，企业将支付高达 30 万日元的赔偿。原告越多，企业赔偿的金额也会越高，这一点对于企业来说，无疑是相当可怕的。

有的人购买的产品没有什么异常，在他人的带动下也成为原告，这些都是爱占小便宜的心理在作祟。这类跟风型原告，很有可能得不到赔偿。对于酒店来讲，今后应好好考虑如何应对投诉的问题。

企业为减轻处理投诉时发生的诉讼经费，可以考虑加入保险。如果企业的诉讼案例增加，赔偿费以及应对诉讼发生的人工费、交通费、咖啡费用都会随之增加，保险公司新出台的保险条款，对于这些费用都做了细致的分类，并逐一做了赔付。

综上所述，酒店等服务类行业、生产制造业等企业，都应考虑为处理投诉购买保险的问题。

37 管理者对自己下达的指令应视情况随时调整

● 要像对待客人投诉那样对待员工提出的意见

在处理客人投诉时，假如部门内的员工对管理者的决定有疑问，提出反对意见怎么办？这时候管理者要有同时处理客人投诉和员工投诉的心理准备。

作为部门管理者，首先要将员工视为客人。

也就是说，管理者应首先好好听取员工的意见。

然后表明自己的态度："你的意见我明白了，根据我的经验，这件事最好这样处理。"

因为双方的工作职责不同，管理者最后才可以向员工下达指示。当管理者受到员工指责时，该怎么办？请看以下案例。

且不说这位中层管理者对手下员工的宽容度问题，我就想针对"第二天做调整"这件事发表一下意见。

案例 26

指示难道不能改吗？

一位中层管理者受到了员工的批评，垂头丧气地说："现场负责人就得视当时情况对工作随时进行调整，前几天我给员工布置了工作，第二天早晨我做了调整，又向员工交代了一遍，有位员工说：'别老变来变去的，想好了再说。'"

情况都是在不断变化的，如果领导已经预测到员工的处理方法会出现问题，就要马上纠正。

即使处理方法没有错误，也可能出现工作失误，所以领导必须随时把握情况，指导员工处理好投诉，这是作为领导的最重要工作。

这种行为，要是套用过去的老话叫作"朝令夕改"。

但是，在现在这样的快节奏时代，我认为必须采用"朝令夕改"的工作方式。

● 对自己的决定充满信心

当然，这种“朝令夕改”，若像手心翻手背那样快，员工会不知所措。

所以，管理者应向员工说明：“昨天我下达了指示，但是现在情况发生了变化，所以放弃 A 方案，改用 B 方案。”

以前的领导，对自己的决定都有绝对的信心，用不着向员工解释，员工因为相信他，认为照着领导说的去干肯定没错，所以也不多问。现在的员工不同了，动辄提问题，但是作为领导，仍然要对自己充满信心。正是因为上述案例中的领导缺乏自信，员工担心领导下错了指示，这位领导更没有信心了。

处理投诉时，如果管理者没有足够的信心，犹犹豫豫拿不定主意，耽误了很长时间还毫无进展，客人会变得很不耐烦，整个事态就会向不好的方向发展。

部门里作为领导的员工，必须有将部门所有员工组织起来，朝着一个方向努力的素质。只有那些经验丰富的人，才能做好这份工作。

我认为管理者应充满信心地开展工作，奉劝那些总是抱怨“我下达了指令，可是员工都不做”的中层管理者，好好考虑考虑自己在员工中的威信问题，紧急关头自己有能力引领所有员工完成任务吗？

还有，你交代给员工的工作，自己承担了多大责任？

酒店事件簿⑥ 避免酒店成为离婚场所

一对新人在酒店举办结婚典礼时，新郎突然小便失禁了。

酒店方面的责任是提供全方位服务，但遇到这种情况，也很难马上就对客人说：“您尿湿了裤子，快换一套吧。”

服务员只能等到时间合适时，请客人退席，然后让新郎将事先准备好的衣服换上。

酒店需避免客人觉得受了奇耻大辱，直接将结婚典礼变成了离婚典礼。我听到的汇报说，遇到这种情况，宴会厅的员工们都是抓住一切可以利用的机会，随机应变地完成工作的。

酒店事件簿⑦ 办理住店手续时，不好意思的是男性还是女性？

不介入客人隐私是酒店的原则，所以一些社会上的公众人物，都会选择酒店作为他们私会的场所。作家渡边淳一先生小说中描述的男女恋人，酒店在接待这类有恋爱关系的男女时，都要求他们出具结婚证。现在看来，这种做法好像是上个世纪的事情。

现在，自由恋爱中的年轻男女，每年至少有一天希望在豪华酒店里度过。

根据我的观察，现在的年轻男女在办理住店手续时，女性表现得更加有勇气。看到男方不好意思向前台开口，女方会暗暗抓住对方的手，坚定地对男方说："还在等什么，我们快去吧。"

还有些男女，可能是年轻气盛，在前台办手续时就开始争吵，酒店方出于不耽误其他客人的目的，问了一些问题，这时马上怒斥酒店"侵犯个人隐私"的，也大多是女性。

遇到这种情况，为了不给其他客人带来困扰，酒店方面只能说："还需要我们帮助您什么吗？"循序渐进地引导客人，帮助他们解决问题。

第5章

用服务感动投诉的客人

38 感谢投诉

传播爱的工作

我在拜读作家五木宽之先生的小说《大河的一滴》时，深受感动。具体内容在此不再赘述，这里将作家通过这篇小说试图表达的意思，按照我个人的理解归纳如下：

雨水透过树木渗入大地，不久便溢出地面，慢慢汇聚成溪流，流向大河。人的一生如同这川流不息的条条小溪，受大地的恩惠在现世与来世之间轮回，用爱支撑起这个世界。

我以前就深深意识到，酒店的工作是传播爱的工作。

我所说的爱，不是“我爱你，你爱我”的男欢女爱，而是一种发自内心的对人类，以及对生育我们、养育我们的大自然和宇宙的感恩之情。最近，我感到神虽然无形无名，但它的力量无处不在。我在上班的路上这样想：“今天也要精神满满地加倍努力工作，感谢上天。”熟悉我的人，都知道我是一名脾气火暴的无神论者，如果别人听到我说此话肯定会哈哈大笑，可我确实是认真的。

我用这种正能量的心情投入工作，取得了相当不错的效果，甚至还能够感动客人。而如果被动地想："为客人服务是我的工作、我的义务""没办法，我只能这样"，那么没有人能被打动。

我不认为自己从事的服务工作与公司里的白领一样，服务性工作是充满个性的，如果心中没有爱，根本干不好这项工作，这也正是服务工作者值得自豪的地方。

"非常感谢您的投诉"，当带着一颗感恩的心处理投诉时，不仅问题会迎刃而解，投诉客人还有可能成为自己的粉丝。如果不是这样，往往事倍功半。

那么，这种感恩之心，应该通过怎样的语言和行动才能表达出来呢？

39 关于把投诉客人变成粉丝的一点建议

● 语言表达

服务行业非常重视语言表达。在酒店里，从迎接客人那一刻起，就有了锻炼语言表达的机会。

比如，对于下雨天前来酒店的客人，“欢迎光临”“早上好”“欢迎您的到来”等迎接用语，能够改变客人的心情和对酒店的印象。

“欢迎光临”是所有店家都使用的语言，客人在哪里都能听到。而“欢迎您冒雨光临本店”，传达的效果则不同，有的客人会产生“来到这家酒店真好”的心情，并对前来接待的服务员充满了好感。

服务人员的每一句话，都会在客人心中产生不同的反响。在此我重复一遍，从事服务行业的工作人员，必须努力丰富自己的语言表达能力，平时除了埋头看漫画书外，还要阅读报纸和小说，学习里面的语言表达。

此外，服务礼仪和礼节也同样重要。

案例 27

我想用我喜欢牌子的香皂

一位住店的女宾客打来电话称："浴室里的香皂不是我平日喜欢用的牌子，如有××会社生产的 A 牌子的香皂，请送到房间里来。"客服回复："马上送过去。"服务员找遍了酒店，由于客人要求的肥皂的品牌相当小众，酒店里没有准备，服务员只好又找了很多其他地方，终于找到送过去了，客人说："非常感谢，可是时间也太长了。"

这个案例中，服务不仅没有得到赞扬，客人反而透露出了不满的情绪，那么应该如何评价服务员的工作呢？

我认为客服的回答是关键，客服回复客人时，常用的"必要物品我们将尽快为您送达"这句话有没有问题？

我是这样认为的：酒店里的"如您需要任何服务，请致电××，我们都将根据您的要求，尽快为您服务"这句话值得考虑。

"我们都将根据您的要求，尽快为您服务"，好像允许客人提出任何特殊要求似的，而“马上送达”，听起来只是一句固定的客服用语。如果酒店库房里没有怎么办，就有可能像案例中那样，引起客人新的投诉。如果客服先告诉客人马上送达，然后服务员拿了别的品牌的香皂送到客人房间，也会让客人不高兴。高档次的酒店为了提供周到细致的服务，通常要求为客房准备十几个品种的香皂，即使这样，也不会像仓储店或者百货店里那样全面。

● 彻底改变客人态度的一句话

上述案例中，如果客服这样回答：“我们酒店现在没有您指定的牌子，不过请您稍等，我们现在就为您准备”，等服务员送到客人房间时，客人肯定会感激地想：“这是酒店为了我的个人要求专门采购的。”

客服这样回答也可以：“目前我们没有您说的××会社生产的 A 牌子的香皂，但我们有 B 牌子的香皂，如果可以的话，我们立刻为您送去。”

从上述看似简单的回答中可以看出，客服如果对自己的库存商品相当熟悉，丰富的专业知识能够让客人放心。客服还可以这样说：“我们除了 B 牌子之外，还有 C 牌子和 D 牌子的，

更能体现爱心的语言表达

欢迎光临
→欢迎您的光临

我们马上处理
→我们根据您的要求马上处理

我们没有A
→我们没有A，但是我们有B，如果可以的话，会马上送达

我们有B
→我们除了有B之外，还有C和D

您看看选择哪个？”这样的回答会让客人的感受完全不同。

如上所述，同样一件事，由于语言表达不同，客人的感受也完全不同。虽然处理的是一件投诉，但最后得到的是客人的感激。

40 感动顾客

灵活运用服务规则

企业是一个大集体，当实施某项计划或者完成某项任务时，往往容易受企业规则等条条框框的束缚，用过于理性的思维考虑事物。为了能够提高工作效率、有效约束员工，大多数企业都在制定工作准则上下足了功夫。

然而，处理投诉相当于处理与人的关系，投诉发生的时间、地点、处理问题的先后顺序，都会影响客人的情绪。用既定的服务规则处理客人投诉，不仅不能感动客户，甚至有时候都无法帮助客人解决问题。

酒店的服务规则，是为培训缺乏经验的年轻员工制定的。以前为了惩罚犯了严重错误的员工，酒店制定了体罚制度，现在这种制度被废止了，一律采用口头说教的方式。但是，全凭说教根本无法根除员工的恶习，还是制止不了员工犯错误，于是酒店制定了一系列服务规则，让员工背诵。然而，制定服务规则只是方便了酒店管理，并没有为客人考虑的因素。有一个被服务业频繁引用的例子，某快餐店为了防止员工口误，让员工背诵服务规则。某日一位客人来到快餐店，要了 10 个汉堡，员工按照服务规则机械地问："您是在这里吃吗？"这样的服务能打动客人吗？

从事服务行业的员工，不仅要对服务规则心领神会，重要的是，还要会在此基础上随机应变。处理客人投诉时，客人需要什么？客人对什么不满意？客人在考虑什么？要根据自己的理解，扩充服务规则的内涵。

● 积累经验很重要

有时自己觉得锦上添花的事，客人觉得多此一举；有时自己觉得搞砸了的事，却博得客人的欢心。概括来说，当客人得到的服务高于客人的期待时，就能打动客人，受到客人夸赞："你的服务真棒！""这个问题都帮我解决了，实在是太好了！"把握客人的心理，让客人从心里感动，依靠的是平时工作中积累的经验，这时经验比心理学理论更加管用。

上述解释有些抽象，下面举一个感动客人的具体事例。

案例28

一个纽扣

一位长时间住在酒店的客人，将一件干洗过的衬衫退回了干洗店，投诉说："这上面的渍迹都没洗干净。"细心的店员发现，客人衬衣上有一个纽扣已经坏了，还有一个纽扣松了，店员洗净衣服以后，从店里多余的纽扣中挑选了两颗合适的，将这两颗纽扣换掉了。几天以后，客人又来到了干洗店，对店员说："渍迹都洗干净了，纽扣也都换了新的，真是太感谢你们了！"后来客人又拿来一件衬衫请干洗店干洗。

处理投诉时，不是机械地照搬服务规则，而要高于服务规则，去用心服务。这样的服务才能够打动客人，这个案例就是最好的例证。

41 用电话跟进的方式争取客户

致电给一对即将步入婚姻殿堂的新人的父母

时代的变化是惊人的。

随着科技产品和服务的不断问世，人们的生活和喜好也随之发生了翻天覆地的变化。

从事服务行业的人，应该时刻保持敏感，如果在工作中总是抱着墨守成规的行业准则，很有可能坐失良机。

下面我以自己跟进的一对新人为案例，说明一下这个问题。

婚礼预约中心将一对新人的住址和电话号码送到了我的手上，这对即将步入婚姻殿堂的新人，正在寻找举办结婚典礼的会场。那天他们来到我们酒店，只是咨询了一下，并没有预约。

当晚 8~9 点，我打了一个电话，感谢他们到店咨询，并且欢迎他们选择大仓酒店举办婚礼。这个电话，我并没有打给这对新人，而是打给了他们的父母。

电话内容是这样的："感谢您的儿子今天前来我酒店咨询，非常欢迎他们选择我酒店举办婚礼，我酒店将尽最大努力满足他们的要求，请您转告他们。"

我还做了自我介绍："我是大仓酒店的副社长桥本，如果您的孩子觉得不方便与预约中心联系，也可直接联系我。本来我是应该直接到您家去拜访的，现在以电话的方式联系您，实在是太抱歉了。"

正是因为我这样一个电话，之后家长说服子女，选择我们酒店举办婚礼的案例很多。这可能是因为我作为副社长，在客人来访的当天晚上就致电家长，这种方式令客人家长有些感动吧。

● 跟上时代步伐

以上案例需要读者注意的，是电话这一通信手段的特点。

正常情况下，晚上 8~9 点是就寝前家庭成员在一起聊天的时间，这个时段打电话，从情理上讲是能够接受的。

如果我晚上 8~9 点到客人家里拜访，不仅不能感动客人父母，还会让父母觉得非常麻烦。如果我在这个时段给客人发短信，可能什么效果都没有，因为短信这种通信方式，不能传递任何情感，与电话的声音传递效果截然不同。

所以与客人沟通时，必须考虑哪种通信方式最为有效。

以前，人们常识性地认为，店家晚上 9 点给顾客打电话是非常不礼貌的行为，店家此时给顾客打电话，不仅不能争取客人，还很有可能被客人投诉。

如果按照服务准则操作，既然晚上 8~9 点打电话有失礼貌，那么第二天再打吧，要真是这样，还能打动客人，抓住这次商机吗？

如何打动客人？选择当前情况下最合适的方法，这也是服务性行业让客人成为自己粉丝的秘诀之一。

42 投诉客人是酒店新服务的建议者

● 从投诉中产生的灵感

如前所述，客人的投诉有时候是对我们服务的建议。

对于客人的投诉，我们当然要以最快速度、全力以赴地解决。对于客人提出的关于设备使用方法上的改进、增加舒适度等建议，可以帮助酒店开发出新的商品或者服务，我们也要牢记在心中。

前来我们酒店的客人，大多是活跃在各行各业的精英。他们才华横溢，提出的建议很多都极富想象力，根本不是一名酒店工作者想得出来的。

当客人建议我们“贵酒店的服务如果引进这套系统就好了”的时候，如果我们只是认为“我们就是这个系统，没什么办法”的话，那将失去很多机会。

案例 29

贵酒店没有帮助调整时差的服务吗?

一位从海外回国的客人，一下飞机就直接来到酒店，受长时间飞行后疲劳和时差的影响，该客人显得非常烦躁。客房服务员在确认用餐和离店时间时，该客人不满地说:“贵酒店的服务都是常规性服务，没有为我这种调整时差的人定制的特殊服务吗?”

工作人员没有责怪客人脾气不好，反而从客人的话语中捕捉到“如果酒店推出一个帮助调整时差的住宿计划，可能会受到很多客人的欢迎”的信息。

在这位客人的建议下，大仓酒店推出了调整时差的住宿套餐，该套餐包括专为调整时差客人定制的菜单、让客人全身心放松的按摩项目、弹性的退房时间等，该项服务一经推出，便深受消费者的喜爱。

这就是根据投诉客人的建议，大仓酒店策划并推出的一项新业务。

我之所以认为投诉可以带来新的商机，是因为我从处理众多的投诉中切切实实地感到，投诉的背后隐藏着某种暗示，很多新项目都是这样开发出来的。

如果项目成功了，它的好处是方方面面的。第一，推出了一项新业务，让大仓酒店与其他酒店相比更加与众不同。第二，策划者可以得到职位的晋升。第三，能够感动投诉客人，“大仓酒店很重视我的意见”，使他从此成为大仓酒店一名忠实的粉丝。

● 收到五六件内容相同的投诉，酒店必须好好考虑

当然，酒店不可能对所有客人的意见都言听计从，酒店每推出一项新服务，都需要花费时间和经费，所以必须对新服务推出后产生的经济效益进行严格的管控。

对于客人的建议，如果大家都认为不错，可以立刻得到实施；如果与现行的服务没有多大区别，那就沿用现行的服务。如果酒店收到了五六件内容相同的投诉，就必须在内部好好讨论讨论了。

43 安装办公设备后产生的新投诉

● 客房安装了新的办公设备

近些年，客人在软件和硬件两方面都给酒店提出了新要求，他们希望“在自己的房间里，能够使用上办公设备”。

很多出差预订酒店的白领阶层，在预订之前都会打来电话询问：“贵店房间里有文字处理机、电脑、传真机、互联网吗？”

酒店即使不在客房里安装传真机，也要设置好连接口，当客人需要的时候，可以从酒店租赁设备，在自己的房间就可以收发传真、接收邮件。

在信息化高速发展的今天，这些硬件设备已经成为酒店的标配。然而，这些配置却引发了新一轮的投诉。

案例 30

传真机的声音太吵了

深夜，酒店收到了住店客人打来的电话，称："房间里传真机声音太吵，根本无法入睡。"原来在接收传真时，传真机发出的声音严重打扰了客人。

在客房里安装硬件设备，就会存在这些方面的问题。为了给客人提供方便，客房里安装的传真机都是连接的直拨号码，当传真发来的时候是无法拒收的。

随着国际化发展的不断深入，人们早已可以在 24 小时之内，接收到世界各国发来的消息。大多数人享受了信息化社会带来的方便，同时也感到个人隐私是那么容易被侵犯。

作为酒店，只考虑到给客人提供方便是不够的，还需同时考虑到客人能否健康、放心、愉快地度过在酒店里的时光。

● 增加人工服务

解决这类投诉必须同时从软件和硬件两方面入手。首先从硬件方面，酒店需经常观察市场上有无使用新技术的机器问世，当市场上出现了噪声小的机器时须及时更换。

但是，产品的更新换代是很快的，如果一味追求新款，就会进入老机器还未折旧完毕，就购买新机器的恶性循环，降低酒店的经济效益。

所以酒店还得在软件，即服务上下功夫。比如，事先与客人沟通好，夜里将传真机连接到其他地方，第二天早上再按照约定的时间送回客人房间，这样做不妨碍客人及时获取信息，这样的服务就从满足客人整体需求（CS）提高到了满足客人个性需求（PS）。

将先进的科学技术与周到体贴的服务结合起来，努力用心去工作，才能打动客人。

44 何时采纳客人建议

● 采纳客人建议的时机

先进的科学技术不仅渗透在工作环境中，还进入了普通人的家庭。现代人的品位越来越高，对酒店的硬件要求也越来越挑剔。酒店要想引进先进设备，首先必须花费高额成本对现有环境加以改善，若对时代的变化视而不见，就会收到客人挑衅性的投诉。

日本的酒店，建设时多是参照欧美酒店的模式，从酒店的系统到酒店的整体运营，都是以欧美国家的酒店为蓝本。代表日本住宅风格的智能马桶，除了一些新开业的酒店安装了以外，老酒店里都没有安装。

但是现在，大仓酒店只要对客房进行装修，肯定会在卫生间里安装智能马桶。

案例 31

卫生间里没有智能马桶

刚办完入住手续的客人投诉卫生间里没有智能马桶，客人对大仓酒店提出了严肃的批评：“大仓酒店实在太落后了，经营者也太抠门儿了。”

能否马上把整个酒店的卫生间里都安装上智能马桶？显然不行，因为这样必须对卫生间的结构和水电进行改造，这是一项大规模的工程。

这项工程需要花费大量经费，每间客房的工程费用就得十几万日元，再加上宴会厅卫生间和餐厅卫生间的工程费用，这笔开支管理层必须慎重考虑。

况且，大仓酒店以前从未安装过智能马桶，即便管理层认可智能马桶能够提高酒店舒适度，也不是大笔一挥第二天就能签字批准。

客人的建议何时实施？时机也是一个重要问题。

45 推出新业务

● 行政服务沙龙

为了满足客人要求，给酒店建议一项新业务时，在研究和策划阶段，就必须做好迎接管理层重重质疑的心理准备。

“需要多少预算?”“多大收益率?”“运营费用需要多少钱?”“能取得与投资成比例的经济效益吗?”等质疑会迎面而来，甚至还有人直接表示反对。

管理层持谨慎态度没有什么错误，但如果自己有绝对的自信，就得用充分的理由说服反对的人。还有一点必须注意，业务开展初期投资应尽可能少，等看到经济效益时再逐渐提高。

1979 年，大仓酒店为了支持商界的发展，在全世界的酒店中率先开设了行政服务沙龙，这就是上述方法的成功案例。

为方便从国外来日本谈生意的企业与日本企业接触，大仓酒店开设了行政服务沙龙。在该业务中，酒店不仅提供场地，还帮助寻找对口的日本企业、对口部门的负责人、提供广泛的商业信息，并为这些外国企业在日期间提供工作援助。现在世界上的主要几家大酒店都已经设立了商务沙龙，但是当初呼吁构建全球酒店交流网时，却没有一家酒店感兴趣。

行政服务沙龙在项目策划阶段也是备受质疑的，比如，酒店内部有人提出，是否有必要特意为沙龙购买通信设备，是否能够获得与投资相符的经济效益等。

● 最低额的设备投资和最周到的服务

我建议，把装修费和设备费等前期费用控制在最少，先采购少量通信设备，把工作开展起来，后来野田社长同意了这个建议，服务沙龙终于开业了。

设备费用虽然减少了，人工服务内容却增加了。

大仓酒店提供的服务包括复印、翻译，以及我所建议的24小时的秘书团队，可以全天候为客人提供工作上的援助。

当时成立的这个秘书团队，鉴于工作时间上的局限性，并没有使用派遣员工，而完全是从酒店员工中选拔出来的。

现在将近20年过去了，这个沙龙仍然是门庭若市，不仅重新装修了门面，还增加了通信设备和其他很多硬件设备。

● 瑞典某会社社长的表扬

曾经发生了这样一件事情。

一位经营注射针管的瑞典某会社的社长，将遍布于日本各地的 8 家主要注射针管工厂名单交给了沙龙负责人，希望在两三天内全部与他们建立联系。

沙龙负责人马上就与名单上的厂家逐一取得了联系，并于当天就安排好了在沙龙见面洽谈的时间。

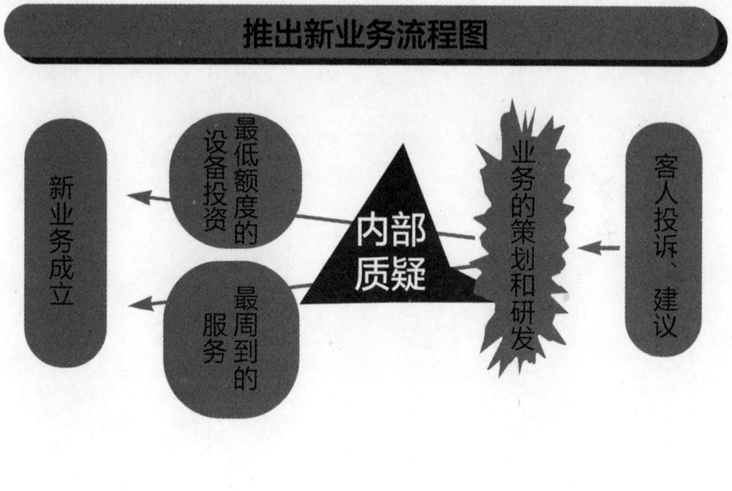

这位瑞典社长得知以后惊讶不已，酒店的工作人员竟然出色地完成了自己会社驻外员工的工作。

在他离开酒店时，对沙龙的工作给予了高度评价，我们也为自己的服务感到欣慰。

正是有了行政服务沙龙这样的舞台，才给了我们感动客人的机会。

虽然在沙龙开始之初，我们很希望酒店能够将各种设备配备到位，但一切都必须立足于经济效益。随着时间的推移，当积累下一定的经验、工作被安排得井井有条时，自然而然地看到了经济效益，

有了经济效益再增加设备也为时不晚。

46 给自己工作的建议

● 酒店的工作是“感、混、创、才”一体化的工作

上文中提到了行政服务沙龙这个话题，接下来我谈谈目前开展的工作。这项工作的产生经过，或许能够向读者提供一些将客人变成粉丝的思路。

我一直认为，酒店的工作根本不是“冠、婚、丧、祭”，而是“感、混、创、才”。“感”是指感悟；“混”是把所有因素综合在一起，依靠团队合作共同完成；“创”是指创新；“才”是指才能。

简单地说，酒店的工作就是追寻自己的内心（或者自己感兴趣的事），听取周围的意见，创造并抓住商机。

正当我沉醉于这个自创的词时，突然感觉到有必要对它的语源，即“冠婚丧祭”这个词做一番研究。

人的一生，“冠婚丧祭”每一件事，都是人生中的大事，酒店是为一个人成就一生中的大事提供舞台的地方，但是酒店

应如何理解“人生中的大事”呢？

在酒店举办葬礼

“冠”是指步入成年时举行的仪式，比如酒店里举办的成人典礼和大学的毕业典礼、进入企业时的入社典礼等。

“婚”是指结婚典礼，此外很多人的金婚、银婚典礼，也都是在酒店举办的。

“祭”是指五谷丰登、生意兴隆，酒店里收到的各种喜庆活动、纪念活动的预约就属于这类。

唯独葬礼，酒店是不接受的。

酒店认为，那些为逝者燃起的一道道烟雾，有失酒店的高雅，其他客人也觉得不吉利。

但是，我好奇地想，酒店既然被人们称作“冠婚丧祭”的场所，能够无视“葬”的存在吗？

电视里常说日本已经进入老龄化社会，很多人已经不想再用眼泪告别逝者，葬礼的形式也开始呈现多元化的倾向。

从另一个方面想，葬礼作为人生中最后一个仪式，对于每个人都有着重大意义，酒店能不能想办法为他们承办下来呢？

我眼前浮现出了一个大规模的逝者追思会，一个生前好友、学生弟子聚集在一起，再现逝者的人生足迹，追忆逝者生前往事的送别会。我想一定有人希望在一个明亮且庄严的舞台上，最后一次主宰自己的人生。大仓酒店长期以来一直有这样的计划。

当然，在酒店里举办葬礼，还是遭到了不少人的反对。但是，来自酒店内外的支持者更多，他们认为："人们来到这里，是为了对逝者表示感谢，逝者生前能够愉快地生活，多亏了这些亲朋好友的支持，逝者家属可以借此机会表达谢意。"等等。

前几天，大仓酒店为一位上市企业的高管人士举办了送别会。从会场的准备到仪式的整个过程，是与普通客人分开，单独进行的。

舞台的正上方悬挂着一张放大的逝者微笑的照片，明亮的蝴蝶兰装饰着四周，仪式结束以后，参加者通过一条直达的通道进入会场，在这里有一个立餐会，大家可以一边用餐，一边追忆逝者的生前往事。会场四周的墙壁上挂着逝者的巨幅照片，这是酒店在家属的帮助下，从逝者一生中最有纪念意义的几个事件中挑选出来的。参加者可以按照照片的顺序，追忆逝者走过的人生道路。最后参加者这样评价说："这个送别会实在太好了，逝者要是在天有灵，一定会高兴的。"

● 现场总指挥

仪式召开的当天，我为了做最后一次检查，很早就来到了会场，刚巧碰到了一位熟悉的女编辑，后来她说："真没想到桥本副社长检查得那么仔细。"

据女编辑说，我当时对每一个环节都提出了要求，"逝者的照片没有挂正""灯光照射的地方不对，照片反光看不清楚""花卉之间的间隔再大一点"，完全是一个现场总指挥的角色。

我当然得这么做，家属不希望沉闷地为逝者送行，如果不以家属的视角去观察，能看得见那些缺点吗？如果自己都对自己的工作不满意，家属能满意吗？

如果感动不了自己，也感动不了客人。

47 培养一颗敏感之心

● 带着好奇心工作

对于从事服务行业的人来说，平时工作中要积极应对投诉，还要对看到的事儿和听到的话时刻保持一颗好奇心。

我所说的好奇心是指，以客人的视角，对日常发生的事儿多问几个为什么，而不是指要怀疑每一位客人。

10 位前来住店的客人当中，起码有 1 位是比较敏感的，如果能够敏锐地抓住问题，并积极地应对，在细致、周到和服务质量上下功夫，也就完成了从 CS（满足整体要求）到 PS（满足个人要求）的升华。

大千世界，总有那么一类人，能够从别人觉得无所谓的细枝末节中挑出毛病。

案例 32

我就是觉得不对劲儿

某日客服收到了这样一个投诉："我就是觉得房间里哪个地方没有打扫干净。"客服查了工作记录，发现该房间的客人 2 小时前刚办完离店手续，于是赶紧跑过去查看。保洁说："房间已经彻底打扫过了，应该没有问题。"客人听到后不满意地说："我还是觉得哪里不对劲儿啊！"

发生这类投诉后，应对房间的整体气氛，比如空气的味道、房间里物品的摆放等逐一详查。

只做这些可能还是不够的。客人离店后，从清扫到整个房间全部收拾完毕，通常需要三四名保洁员工作 20 多分钟。房间虽然干净了，但还是有前面客人的味道，需要至少 2 个小时，前面客人的味道才能彻底消失。案例中客人可能闻到了前面客人的味道，所以就投诉了。

毫无疑问，这是一名既神经质又带有严重洁癖的客人，他感受到了前面客人留下来的味道，于是服务员开始详细查看房间里的每一个角落。

卫生间地上只要有一根头发，就会有人投诉；电视机架子也是好多人投诉的对象，架子上面的电视机和录像机如果左右不对称，也会有人抱怨。

● 专门负责检查的检查员

大仓酒店设有检查员，他们用专业的眼光，专门检查打扫过的房间里有无缺陷，包括房间里的空气有无异味，觉察问题以后立刻责令调整。这种严格的管理，能在一定程度上减少客人投诉。

酒店的检查制度，要求在保洁员检查完毕后再检查一次，相当于检查两遍。如果是 VIP 房间，我还要亲自检查一遍，加起来一共检查三遍。

客人投诉的地方不一定就是客房，而且有时即使客人不投诉，自己也要带着挑剔的眼光去巡视。当养成了这个习惯后，好多投诉就都能够在事前得到解决。

所以，带着一颗好奇心去工作，是多么重要啊！

48 打动客人的服务

● 提供优质服务是预防投诉的最有效方法

如果员工都带着问题去工作，管理者就可以放心了。因为这样的服务，可以打动那些本来情绪低落的客人，让他们变得高兴起来。

这样的工作，还能够成功减少客人投诉，这样做的员工都被称作圈粉高手。

这些员工，往往觉得自己做的都是平常小事，根本没有丝毫的骄傲和自满情绪。然而，正是他们这种温柔体贴的服务，不仅带给客人一份舒适，治愈了客人的心情，还深深感动了客人。

下面我列举几个事例进行说明。以下事例，都是一些普通案例，但正是这些最普通的事情，是最难做好的。

案例 33

一位记住了客人是左撇子的保洁员

酒店规定，正常情况下客房里的电话机应放置在台灯桌的右侧。但如果客人是左撇子，自然会把电话机向左侧移动。客人外出以后再回房间时，保洁员会按照规定把电话机移回原位，有的客人对此非常不满意。但是，一名优秀的保洁员就记住了客人的习惯，做完保洁后仍然把电话机放置在左侧，烟灰缸也是如此。

客人要求换房间时，也按照客人原来的习惯，把客人的行李摆放在原位。

案例 34

百发百中！门口服务生出色的观察力

每到春季的受勋季节，就会有为参加授勋仪式来酒店入住的外地人。对于这类客人，优秀的门口服务生凭客人的外表就能识别出来，于是用“恭喜您获得勋章”的问候语来迎接客人。客人往往惊讶地问：“我也没穿什么特别的衣服呀，你是怎么知道的？”

殊不知服务生是从客人携带的行李上判断出来的。

案例 35

惊人的记忆力——客人生日和车牌号码都背下来了

这也是一位优秀的门口服务生的佳话。某会社社长 4 天后召开庆生会，在酒店进行了预约。这天他坐车来到酒店。门口服务生为他打开车门时，欢迎他说："早上好××社长，听说您 4 天后将在我酒店举办庆生会，我在此对您表示祝贺。"社长惊喜地说："为什么一名门口服务生，能够那么准确地知道我的名字和生日呢?"该员工解释说，他把客人车牌号、司机姓名等都整理成资料背下来了。社长后来打来电话说："我第一次接受这样的欢迎，真是太高兴了！"

以上这些案例表明，要想打动客人，首先要具备出色的观察能力。

酒店事件簿⑧

酒店里发生的不可思议的事儿

酒店里比较常见的一个工作失误，就是餐厅或者咖啡厅服务员不慎将水或者餐食洒在客人衣服上，前面章节也提到过这种事。

受到过这种“礼遇”的客人，要么以后再也不来了，要么以后还经常来。

后者显然是对酒店的环境或者料理的味道有特别的喜好。为了让后者不再遭受这样的“礼遇”，全体员工都下定决心，一定要加倍细心地照顾好这类客人，千万不要让他们再遭到“礼遇”。

有一位女客人，却接二连三地遭受“礼遇”，原因到现在也说不清。似乎服务员心里越是想“千万别失误”，一紧张就越是容易出错。有一次放在桌子上的玻璃杯，谁也不曾碰过就自然开裂了，还有一次红酒杯莫名其妙就裂了，把客人的衣服全弄脏了。

到底是什么原因使得杯子开裂呢？是不是常说的灵异事件发生在了这位女客人的身上？

因为找不到什么原因，女客人只好说：“一定是我和这里没有缘分吧，以后我不再来了。”酒店方面也诚挚地表达了歉意。

真是女客人所说的缘分浅吗？酒店里也会发生灵异事件？

终 章

我也要投诉

49 桥本流服务小测试

● 服务行业工作者，千万不能骄傲

在前几节中，我对看到的、听到的、亲身感受的事件，以及处理方法做了详细的说明。

从投诉这个角度看，在酒店这个舞台上，每天都上演着各种剧，连我自己都感叹不已。

投诉无时无刻不在发生。你越是想拼命提供完美无缺的服务，越是能听到客人的抱怨和要求。所以，从事服务行业的人，千万不能骄傲。

最后我想把自己入住一家酒店的记录，按照时间顺序向读者做个介绍。该酒店是位于东京都外的一家城市酒店，名字在此就省略了。我之所以选择这家酒店，是因为在一次酒店业界的某个聚会上，该酒店负责人说："我们酒店的经营理念，就是提供彻底为顾客着想的服务。"

我想知道，什么是"彻底为顾客着想的服务"，所以利用去这个城市出差的机会，预约了这家酒店。

下面，我把在该酒店发生的事、员工的接待工作等不加任何评论地如实记录下来。在这些事项中，有几项是可以投诉的，读者也可以验证一下。

顺便提一下，我在预约登记时这样介绍自己："我是大仓酒店的桥本。"作为酒店业的同行，我可以享受 VIP 待遇，我想验证一下这次能否享受。

●某年某月某日深夜，到达某酒店

◆我预感到入住时间可能会严重晚点，所以提前给酒店打了电话："我是在这里预约房间的桥本，原本预定傍晚入住，现在看来估计夜里 11：30 才能到达，请务必预留房间。"

我是夜里 11 点到达的，当地的一位朋友因为想看看酒店的情况，和我同乘一辆出租车一起来了。

◆出租车到达酒店玄关时，门口服务员马上为我打开了车门，帮我拿了书包。我的朋友对门口服务员说："请转告司机，我还坐他的车返回去，请他先等等。"门口服务员听到后，又把行李还给了我，并说："这行李放在玄关有点碍事，请您先拿到里面去吧。"然后去跟司机说话。

●办理住店手续，进入房间

◆从玄关到前台大约15米，前台服务员欢迎我说："欢迎光临！"我自我介绍："我是大仓酒店的桥本。"前台服务员拿出登记表和笔，说："请在这里填写您的姓名。"我填好以后递回去，前台服务员说："桥本先生，我们正在恭候您的到来。"

◆我跟朋友道了别，拿着房卡要去自己的房间。客房服务员帮我拿着书包，所以我可以空着两手走路，我和客房服务员并排坐电梯来到了36层。

◆经理助理等候在房间门口，表示欢迎："欢迎您的光临！"然后为我开了门。他知道我也是一名酒店工作者，想省略房间内的防灾设施和避难通道的介绍，但是我希望他再介绍一下，于是他又做了详细的介绍。

◆经理助理和客房服务员为我备床，经理助理发现床的下方没有脚垫，我说："没有脚垫没有关系。"但是经理助理说马上去取，然后快速离开了房间。

●睡觉前

◆我问客房服务员："我要吃药，需要矿泉水，冰箱里有吗？"他说："我马上去给您拿一瓶。"我说："那太感谢了，我现在要洗澡，我不锁门，你把矿泉水放进房间就行。"于是他离开了房间。

◆为了让服务员知道门没锁，我让房门呈半开的状态。我洗澡的时候，听见有人按门铃，我大声喊："门没锁，放进来吧。"门铃停止了。我出来一看，没有矿泉水，觉得挺纳闷儿，后来门铃又响了，经理助理拿着一瓶矿泉水出现在门口。

◆我觉得正好可以利用这个机会，跟经理助理谈谈明天的日程。

我说："助理先生，我明天早晨出发时间早，请问咖啡厅几点开始营业？""6点30分。""贵酒店真早，其他酒店大多是7点开始。我打算喝一杯咖啡就回去了，请6点30分准时给我准备一杯咖啡。""好的，您休息吧。"他离开了。我想看看电视，可是怎么也打不开电视柜，好像里面被什么东西卡住了，只好给前台打了电话，经理助理又来了，他帮我打开了。

◆床头上放着两个小小的英式玉米马芬蛋糕，这是酒店提供的夜宵，我因为已经刷了牙，没有吃就休息了。

●第二天早晨

◆第二天早上6点20分，我来到酒店一层，结账后直奔前台旁边的咖啡厅，当时刚好6点25分，因为离营业只有5分钟，我问了一下站在门口迎接的女服务员："现在可以喝咖啡吗？"她说："可以了，我们正在恭候客人呢。"我进去后坐了下来正要点餐，昨晚预约的那杯咖啡6点30分准时送来了。

我喝了咖啡以后，拿着书包坐上出租车离开了酒店。

●**后来**

◆两三天以后，我收到了一封该酒店总负责人的来信，上面写着："对您照顾不周，请多多包涵。"

50 桥本流服务的测试结果

● 评分

各位读者觉得这家酒店的哪些服务应该投诉？如果 100 分是满分的话，可以给这家酒店打多少分呢？

我是这样评价的：

他们的服务既不周到也不贴心，缺点随处可见，连一名普通客人都不会满意，更何况一名 VIP 客人！处理客人要求时，明显完全照搬“工作手册”，根本没有考虑 TPO（译者注：时间、地点、当时情况）。

◆首先是门口服务员。深夜酒店玄关前并无太多车辆，我和朋友在前台的前面告别只需几分钟，门口服务员有没有必要让出租车先开走？他没有考虑我的朋友再上车时是否方便。从玄关到前台的 15 米距离，门口服务员让我拿着书包，这是他最大的工作失误，我当时虽然默默地接了过来，但是心里想：“这服务太差劲了。”这难道不有悖一名普通的门口服务员和行李服务员应该具备的工作常识吗?

◆前台的接待工作做得怎样?我要是该酒店的培训负责人,就会要求他们更改问候语。夜里11点多还来办理入住的,估计当晚就我一人,既然这样,不如改成“桥本先生,我们正在恭候您”,更显得服务周到。

如果前台知道我是VIP客人,就不应该让我签字;如果不知道,那就很成问题,因为这类VIP客人在酒店都早应该有记录。

◆客房服务员也有问题。在去房间的路上,客房服务员和客人并肩行走,这个必须减分。客房服务员应领先客人一步,为客人做向导。如果不是经常来这里的客人,根本不知道电梯间在哪儿,实际上我离开前台以后,就不知道该朝哪个方向走了。还有我说我不锁门,我洗澡时矿泉水送来了就直接放进房间里,他并没有按照我的要求做,也许是经理助理没让他做。

◆待客最有问题的是经理助理。

本来,对于VIP客人,前台员工应该站在门口迎接,如果前台员工有事无法迎接,才由经理助理迎接,这时我办完入住手续后,前台员工应该告诉我:“经理助理在您的房间门口迎接您。”因为我也在酒店工作,看到经理助理站在门口时,马上会想:“是不是哪里出了问题?”

我进入房间以后，发现床还没有准备好，这方面离“周到细致的服务”差得太远。我确实在酒店工作，换句话说我是一位同行，但同时也是花了2.4万日元住宿费的客人！

为客人备床是指，将紧紧包裹的床单打开，客人可以随时上床休息的状态。备床时需将肩部两侧、脚部两侧床单完全拉开，这样客人躺下后，身体不受束缚。对于深夜入住的VIP客人，应该考虑到提前为他们备好床。

第二天早晨我办理离店手续时，在前台没有看见经理助理，这对于VIP服务很成问题。

◆咖啡厅服务员收到了经理助理的通知，我提前5分钟到达，她已经在门口迎接，这一点让我有了小小的感动。

我进入咖啡厅的时候，正好6点25分，是不是我约的6点30分，就必须准时准点的5分钟之后才能送来呢？我知道他们已经做好了，因为我在外面就闻到咖啡的香味了。因为我约的是6点30分，就不想再说什么了，但我当时还说了早晨出发时间早，难道不是越早送来越好吗？

如果满分是100分，我最多能给60分。他们的服务不仅没有感动我，还让我牢骚满腹，很不满意。该酒店“彻底为顾客着想”的经营理念在流泪。

关于“服务的细节丛书”介绍：

东方出版社从2012年开始关注餐饮、零售、酒店业等服务行业的升级转型，为此从日本陆续引进了一套“服务的细节”丛书，是东方出版社“双百工程”出版战略之一，专门为中国服务业产业升级、转型提供思想武器。

所谓“双百工程”，是指东方出版社计划用5年时间，陆续从日本引进并出版在制造行业独领风骚、服务业有口皆碑的系列书籍各100种，以服务中国的经济转型升级。我们命名为“精益制造”和“服务的细节”两大系列。

我们的出版愿景：“通过东方出版社‘双百工程’的陆续出版，哪怕我们学到日本经验的一半，中国产业实力都会大大增强！”

到目前为止“服务的细节”系列已经出版130本，涵盖零售业、餐饮业、酒店业、医疗服务业、服装业等。

更多酒店业书籍请扫二维码

了解餐饮业书籍请扫二维码

了解零售业书籍请扫二维码

“服务的细节” 系列

书　　名	ISBN	定　价
服务的细节：卖得好的陈列	978-7-5060-4248-2	26 元
服务的细节：为何顾客会在店里生气	978-7-5060-4249-9	26 元
服务的细节：完全餐饮店	978-7-5060-4270-3	32 元
服务的细节：完全商品陈列 115 例	978-7-5060-4302-1	30 元
服务的细节：让顾客爱上店铺 1——东急手创馆	978-7-5060-4408-0	29 元
服务的细节：如何让顾客的不满产生利润	978-7-5060-4620-6	29 元
服务的细节：新川服务圣经	978-7-5060-4613-8	23 元
服务的细节：让顾客爱上店铺 2——三宅一生	978-7-5060-4888-0	28 元
服务的细节 009：摸过顾客的脚，才能卖对鞋	978-7-5060-6494-1	22 元
服务的细节 010：繁荣店的问卷调查术	978-7-5060-6580-1	26 元
服务的细节 011：菜鸟餐饮店 30 天繁荣记	978-7-5060-6593-1	28 元
服务的细节 012：最勾引顾客的招牌	978-7-5060-6592-4	36 元
服务的细节 013：会切西红柿，就能做餐饮	978-7-5060-6812-3	28 元
服务的细节 014：制造型零售业——7-ELEVEn 的服务升级	978-7-5060-6995-3	38 元
服务的细节 015：店铺防盗	978-7-5060-7148-2	28 元
服务的细节 016：中小企业自媒体集客术	978-7-5060-7207-6	36 元
服务的细节 017：敢挑选顾客的店铺才能赚钱	978-7-5060-7213-7	32 元
服务的细节 018：餐饮店投诉应对术	978-7-5060-7530-5	28 元
服务的细节 019：大数据时代的社区小店	978-7-5060-7734-7	28 元
服务的细节 020：线下体验店	978-7-5060-7751-4	32 元
服务的细节 021：医患纠纷解决术	978-7-5060-7757-6	38 元
服务的细节 022：迪士尼店长心法	978-7-5060-7818-4	28 元
服务的细节 023：女装经营圣经	978-7-5060-7996-9	36 元
服务的细节 024：医师接诊艺术	978-7-5060-8156-6	36 元
服务的细节 025：超人气餐饮店促销大全	978-7-5060-8221-1	46.8 元

书　名	ISBN	定　价
服务的细节 026：服务的初心	978-7-5060-8219-8	39.8 元
服务的细节 027：最强导购成交术	978-7-5060-8220-4	36 元
服务的细节 028：帝国酒店　恰到好处的服务	978-7-5060-8228-0	33 元
服务的细节 029：餐饮店长如何带队伍	978-7-5060-8239-6	36 元
服务的细节 030：漫画餐饮店经营	978-7-5060-8401-7	36 元
服务的细节 031：店铺服务体验师报告	978-7-5060-8393-5	38 元
服务的细节 032：餐饮店超低风险运营策略	978-7-5060-8372-0	42 元
服务的细节 033：零售现场力	978-7-5060-8502-1	38 元
服务的细节 034：别人家的店为什么卖得好	978-7-5060-8669-1	38 元
服务的细节 035：顶级销售员做单训练	978-7-5060-8889-3	38 元
服务的细节 036：店长手绘　POP 引流术	978-7-5060-8888-6	39.8 元
服务的细节 037：不懂大数据，怎么做餐饮？	978-7-5060-9026-1	38 元
服务的细节 038：零售店长就该这么干	978-7-5060-9049-0	38 元
服务的细节 039：生鲜超市工作手册蔬果篇	978-7-5060-9050-6	38 元
服务的细节 040：生鲜超市工作手册肉禽篇	978-7-5060-9051-3	38 元
服务的细节 041：生鲜超市工作手册水产篇	978-7-5060-9054-4	38 元
服务的细节 042：生鲜超市工作手册日配篇	978-7-5060-9052-0	38 元
服务的细节 043：生鲜超市工作手册之副食调料篇	978-7-5060-9056-8	48 元
服务的细节 044：生鲜超市工作手册之 POP 篇	978-7-5060-9055-1	38 元
服务的细节 045：日本新干线 7 分钟清扫奇迹	978-7-5060-9149-7	39.8 元
服务的细节 046：像顾客一样思考	978-7-5060-9223-4	38 元
服务的细节 047：好服务是设计出来的	978-7-5060-9222-7	38 元
服务的细节 048：让头回客成为回头客	978-7-5060-9221-0	38 元
服务的细节 049：餐饮连锁这样做	978-7-5060-9224-1	39 元
服务的细节 050：养老院长的 12 堂管理辅导课	978-7-5060-9241-8	39.8 元
服务的细节 051：大数据时代的医疗革命	978-7-5060-9242-5	38 元
服务的细节 052：如何战胜竞争店	978-7-5060-9243-2	38 元
服务的细节 053：这样打造一流卖场	978-7-5060-9336-1	38 元
服务的细节 054：店长促销烦恼急救箱	978-7-5060-9335-4	38 元

书　名	ISBN	定　价
服务的细节 055：餐饮店爆品打造与集客法则	978-7-5060-9512-9	58 元
服务的细节 056：赚钱美发店的经营学问	978-7-5060-9506-8	52 元
服务的细节 057：新零售全渠道战略	978-7-5060-9527-3	48 元
服务的细节 058：良医有道：成为好医生的 100 个指路牌	978-7-5060-9565-5	58 元
服务的细节 059：口腔诊所经营 88 法则	978-7-5060-9837-3	45 元
服务的细节 060：来自 2 万名店长的餐饮投诉应对术	978-7-5060-9455-9	48 元
服务的细节 061：超市经营数据分析、管理指南	978-7-5060-9990-5	60 元
服务的细节 062：超市管理者现场工作指南	978-7-5207-0002-3	60 元
服务的细节 063：超市投诉现场应对指南	978-7-5060-9991-2	60 元
服务的细节 064：超市现场陈列与展示指南	978-7-5207-0474-8	60 元
服务的细节 065：向日本超市店长学习合法经营之道	978-7-5207-0596-7	78 元
服务的细节 066：让食品网店销售额增加 10 倍的技巧	978-7-5207-0283-6	68 元
服务的细节 067：让顾客不请自来！卖场打造 84 法则	978-7-5207-0279-9	68 元
服务的细节 068：有趣就畅销！商品陈列 99 法则	978-7-5207-0293-5	68 元
服务的细节 069：成为区域旺店第一步——竞争店调查	978-7-5207-0278-2	68 元
服务的细节 070：餐饮店如何打造获利菜单	978-7-5207-0284-3	68 元
服务的细节 071：日本家具家居零售巨头 NITORI 的成功五原则	978-7-5207-0294-2	58 元
服务的细节 072：咖啡店卖的并不是咖啡	978-7-5207-0475-5	68 元
服务的细节 073：革新餐饮业态：胡椒厨房创始人的突破之道	978-7-5060-8898-5	58 元
服务的细节 074：餐饮店简单改换门面，就能增加新顾客	978-7-5207-0492-2	68 元
服务的细节 075：让 POP 会讲故事，商品就能卖得好	978-7-5060-8980-7	68 元

书　名	ISBN	定　价
服务的细节 076：经营自有品牌	978-7-5207-0591-2	78 元
服务的细节 077：卖场数据化经营	978-7-5207-0593-6	58 元
服务的细节 078：超市店长工作术	978-7-5207-0592-9	58 元
服务的细节 079：习惯购买的力量	978-7-5207-0684-1	68 元
服务的细节 080：7-ELEVEn 的订货力	978-7-5207-0683-4	58 元
服务的细节 081：与零售巨头亚马逊共生	978-7-5207-0682-7	58 元
服务的细节 082：下一代零售连锁的 7 个经营思路	978-7-5207-0681-0	68 元
服务的细节 083：唤起感动	978-7-5207-0680-3	58 元
服务的细节 084：7-ELEVEn 物流秘籍	978-7-5207-0894-4	68 元
服务的细节 085：价格坚挺，精品超市的经营秘诀	978-7-5207-0895-1	58 元
服务的细节 086：超市转型：做顾客的饮食生活规划师	978-7-5207-0896-8	68 元
服务的细节 087：连锁店商品开发	978-7-5207-1062-6	68 元
服务的细节 088：顾客爱吃才畅销	978-7-5207-1057-2	58 元
服务的细节 089：便利店差异化经营——罗森	978-7-5207-1163-0	68 元
服务的细节 090：餐饮营销 1：创造回头客的 35 个开关	978-7-5207-1259-0	68 元
服务的细节 091：餐饮营销 2：让顾客口口相传的 35 个开关	978-7-5207-1260-6	68 元
服务的细节 092：餐饮营销 3：让顾客感动的小餐饮店“纪念日营销”	978-7-5207-1261-3	68 元
服务的细节 093：餐饮营销 4：打造顾客支持型餐饮店 7 步骤	978-7-5207-1262-0	68 元
服务的细节 094：餐饮营销 5：让餐饮店坐满女顾客的色彩营销	978-7-5207-1263-7	68 元
服务的细节 095：餐饮创业实战 1：来，开家小小餐饮店	978-7-5207-0127-3	68 元
服务的细节 096：餐饮创业实战 2：小投资、低风险开店开业教科书	978-7-5207-0164-8	88 元

书　名	ISBN	定　价
服务的细节 097：餐饮创业实战 3：人气旺店是这样做成的！	978-7-5207-0126-6	68 元
服务的细节 098：餐饮创业实战 4：三个菜品就能打造一家旺店	978-7-5207-0165-5	68 元
服务的细节 099：餐饮创业实战 5：做好“外卖”更赚钱	978-7-5207-0166-2	68 元
服务的细节 100：餐饮创业实战 6：喜气的店客常来，快乐的人福必至	978-7-5207-0167-9	68 元
服务的细节 101：丽思卡尔顿酒店的不传之秘：超越服务的瞬间	978-7-5207-1543-0	58 元
服务的细节 102：丽思卡尔顿酒店的不传之秘：纽带诞生的瞬间	978-7-5207-1545-4	58 元
服务的细节 103：丽思卡尔顿酒店的不传之秘：抓住人心的服务实践手册	978-7-5207-1546-1	58 元
服务的细节 104：廉价王：我的“唐吉诃德”人生	978-7-5207-1704-5	68 元
服务的细节 105：7-ELEVEn 一号店：生意兴隆的秘密	978-7-5207-1705-2	58 元
服务的细节 106：餐饮连锁如何快速扩张	978-7-5207-1870-7	58 元
服务的细节 107：不倒闭的餐饮店	978-7-5207-1868-4	58 元
服务的细节 108：不可战胜的夫妻店	978-7-5207-1869-1	68 元
服务的细节 109：餐饮旺店就是这样“设计”出来的	978-7-5207-2126-4	68 元
服务的细节 110：优秀餐饮店长的 11 堂必修课	978-7-5207-2369-5	58 元
服务的细节 111：超市新常识 1：有效的营销创新	978-7-5207-1841-7	58 元
服务的细节 112：超市的蓝海战略：创造良性赢利模式	978-7-5207-1842-4	58 元
服务的细节 113：超市未来生存之道：为顾客提供新价值	978-7-5207-1843-1	58 元
服务的细节 114：超市新常识 2：激发顾客共鸣	978-7-5207-1844-8	58 元
服务的细节 115：如何规划超市未来	978-7-5207-1840-0	68 元

书　名	ISBN	定　价
服务的细节 116：会聊天就是生产力：丽思卡尔顿的“说话课”	978-7-5207-2690-0	58 元
服务的细节 117：有信赖才有价值：丽思卡尔顿的“信赖课”	978-7-5207-2691-7	58 元
服务的细节 118：一切只与烤肉有关	978-7-5207-2838-6	48 元
服务的细节 119：店铺因顾客而存在	978-7-5207-2839-3	58 元
服务的细节 120：餐饮开店做好 4 件事就够	978-7-5207-2840-9	58 元
服务的细节 121：永旺的人事原则	978-7-5207-3013-6	59.80 元
服务的细节 122：自动创造价值的流程	978-7-5207-3022-8	59.80 元
服务的细节 123：物流改善推进法	978-7-5207-2805-8	68 元
服务的细节 124：顾客主义：唐吉诃德的零售设计	978-7-5207-3400-4	59.80 元
服务的细节 125：零售工程改造老化店铺	978-7-5207-3401-1	59.90 元